C.H.BECK ☐ **WISSEN**

in der Beck'schen Reihe

Der Kalte Krieg zwischen den USA und der Sowjetunion – zwischen liberaler Demokratie und Kommunismus – hat nach dem Zweiten Weltkrieg für fast ein halbes Jahrhundert Politik, Wirtschaft und Kultur auf allen Kontinenten bestimmt. In diesem «totalen Krieg» wurden auf beiden Seiten große wirtschaftliche Ressourcen mobilisiert, um Waffenarsenale anzuhäufen, Einflußsphären zu sichern, den Gegner auszuspionieren, Raumfahrtprogramme voranzutreiben, vermeintliche Feinde im Inneren zu verfolgen und die eigene Anschauung zu verbreiten. Bernd Stöver bietet einen allgemeinverständlichen Überblick über den Kalten Krieg von der ideologischen Polarisierung der beiden Supermächte nach dem Zweiten Weltkrieg über den Korea-Krieg, den Mauerbau in Berlin, die militärisch hochbrisante Kuba-Krise, den Vietnamkrieg und zahllose Stellvertreterkriege in der Dritten Welt bis hin zum Zerfall des Ostblocks und der Sowjetunion in den Jahren 1989–1991.

Bernd Stöver, geb. 1961, ist Hochschullehrer an der Universität Potsdam. Bei C.H.Beck erschienen von ihm u. a. «United States of America. Geschichte und Kultur» (2012), «Kleine Geschichte Berlins» (2012), «Zuflucht DDR. Spione und andere Übersiedler» (2009) sowie die umfassende Darstellung «Der Kalte Krieg. Geschichte eines radikalen Zeitalters» (2007, broschiert 2011).

Bernd Stöver

DER KALTE KRIEG

Verlag C. H. Beck

Mit 5 Karten

1. Auflage. 2003
2., durchgesehene Auflage. 2006
3., durchgesehene Auflage. 2008

4., durchgesehene Auflage. 2012

Originalausgabe
© Verlag C.H. Beck oHG, München 2003
Gesamtherstellung: Druckerei C.H. Beck, Nördlingen
Umschlagentwurf: Uwe Göbel, München
Printed in Germany
ISBN 978 3 406 48014 0

www.beck.de

Inhalt

Was war der Kalte Krieg?

Der Begriff des Kalten Krieges stammt aus dem Jahr 1946 und ist damit mittlerweile fast sechzig Jahre alt. Dennoch ist nach wie vor die Definition umstritten. Man kann sich wohl am ehesten darauf einigen, daß er in erster Linie eine Auseinandersetzung zwischen zwei unvereinbar erscheinenden Weltanschauungen mit jeweils konkurrierenden Gesellschaftsentwürfen war. Er war ein Systemkonflikt zwischen dem kommunistischen Modell der staatssozialistischen «Volksdemokratie» auf der einen und dem westlichen Modell der liberalkapitalistischen parlamentarischen Demokratie auf der anderen Seite. Prinzipiell beharrten beide Seiten auf universaler Anwendung und globaler Gültigkeit. Unbestrittene Führer der Lager waren die Hauptsiegermächte des Zweiten Weltkrieges, die USA und die Sowjetunion, die sich mit dem Erreichen ihres wichtigsten gemeinsamen Ziels, der Zerstörung des Nationalsozialismus, entfremdeten. In der bipolaren Konfrontation zwischen den Führungsmächten Sowjetunion und USA ordnete sich ein Großteil der anderen Staaten den jeweiligen Blöcken zu. Die Ausnahmen bildeten schließlich China sowie die Gruppe der «Blockfreien», die ohne (Vertrags-)Bindung an den Westen und den Osten größtmögliche politisch-wirtschaftliche Unabhängigkeit bewahren wollten.

Nachdem bereits mehrfach verfrüht das Ende des Kalten Krieges in Entspannungsphasen (1955, 1963, 1969, 1972) erklärt wurde, ist nun nach dem Untergang der Sowjetunion erkennbar, daß damit die traditionelle «Schlacht der Ideen» zwischen Sowjetsystem und westlicher Demokratie, als die der Kalte Krieg 1947 offiziell erklärt wurde, beendet ist. Die Auflösung der Sowjetunion 1991 markiert den Ausgang der fast genau 45 Jahre dauernden Auseinandersetzung, die von Entspannungs- und Eskalationsphasen unterbrochen wurde. Der Begriff des «Zweiten Kalten Krieges», der 1983 angesichts der Verschärfung des internationalen Klimas geprägt wurde, hat sich nicht durchgesetzt. Eine allgemein anerkannte einheitliche Periodisierung des Kalten Krieges fehlt allerdings noch immer.

Vom Kalten Krieg ist lange Zeit der ältere Ost-West-Konflikt unterschieden worden. Nach dieser Definition war der Kalte Krieg ab 1947 ein Teil der Ost-West-Konfrontation seit der Russischen Oktoberrevolution 1917. Deren Wurzeln wiederum reichen bis in die vorangegangenen Jahrhunderte. Tatsächlich war der Ost-West-Konflikt seit dem 19. Jahrhundert wiederholt als Auseinandersetzung zwischen «asiatisch-russischer» und «westlicher» Zivilisation und Mentalität vorausgesagt worden. So war bereits der Krimkrieg zwischen 1854 und 1856 als Konfrontation zwischen Ost und West verstanden worden. Mit der Russischen Revolution wurde dieser machtpolitische Konflikt durch eine ideologische Komponente ergänzt und in der Wahrnehmung der Zeit zum «Weltbürgerkrieg» ausgeweitet.

In den neueren Nachschlagewerken ist die sinnvolle Unterscheidung zwischen den Begriffen Kalter Krieg und Ost-West-Konflikt häufig nicht mehr übernommen worden, sondern nur noch der Terminus des Ost-West-Konflikts für die Zeit nach 1945/47 in Gebrauch. Prinzipiell ist dies nicht falsch, da der Begriff umfassend für die Zeit nach 1917 gilt. Allerdings verschleiert der unbestimmte Begriff die spezifische Qualität der Auseinandersetzung. Konflikte gibt und gab es viele. Der Kalte Krieg war im Gegensatz zum Ost-West-Konflikt jedoch ein permanenter und aktiv betriebener «Nicht-Frieden», in dem alles das eingesetzt wurde, was man bisher nur aus der militärischen Auseinandersetzung kannte. Hinzu kam etwas, was bisher unbekannt war: Dieser «Nicht-Frieden» konnte binnen Stunden zu einem unbegrenzten atomaren Krieg werden und einen Großteil der Menschheit vernichten.

Ironischerweise ist der umkämpfte Begriff des Kalten Krieges eher ein Zufallsprodukt. Daß er sich rasch in beiden Lagern durchsetzte und ab 1950 in der Literatur allgemein nachweisbar ist, zeigt allerdings, wie übereinstimmend er in Ost und West als zutreffende Beschreibung der Auseinandersetzung akzeptiert wurde. 1946 prägte ihn Herbert B. Swope, ein Mitarbeiter des US-Präsidentenberaters Bernard Baruch. Baruch verwendete den Begriff im Juni 1947 zum ersten Mal öffentlich. In die politische Debatte brachte ihn jedoch der amerikanische Publizist Walter Lippmann, der unter anderem für die vielgelesene *New York Herald Tribune* schrieb. 1947 erschien seine Broschüre *The Cold War. A Study in U.S. Foreign Policy.*

Rasch entwickelte sich der Kalte Krieg zu einem «totalen Krieg», in dem mit Ausnahme der atomaren Waffen, die sich aufgrund ihres langfristigen Zerstörungspotentials als nicht einsetzbar erwiesen, alles Verfügbare zur Anwendung kam, um diesen Konflikt zu gewinnen. Der Kalte Krieg war eine politisch-ideologische, ökonomische, technologisch-wissenschaftliche und kulturell-soziale Auseinandersetzung, die ihre Auswirkungen bis in den Alltag zeigte. Nur in der Dritten Welt wurde der Kalte Krieg schließlich auch als konventionelle militärische Auseinandersetzung geführt.

Die Nichtvereinbarkeit der beiden Lager führte zudem in den einzelnen Gesellschaften zu Polarisierungen. Annäherungen an die jeweils andere Seite oder Neutralität blieben bis zum Schluß verdächtig. Gerade darin wird deutlich, daß der Kalte Krieg eigentlich nur Kombattanten kannte – Teilnehmer auf dieser oder jener Seite. Anschauungsunterricht bot im Osten etwa die Behandlung von Dissidenten, im Westen zum Beispiel das Verhalten gegenüber der Friedensbewegung. Daß die Öffentlichkeit ebenso wie die wissenschaftliche Literatur im Anschluß an den Kollaps des sowjetischen Systems und seiner Satelliten die Frage nach dem Gewinner der Auseinandersetzung stellte, zeigt, daß selbst noch in der Retrospektive der Kalte Krieg als Kampf um Sieg oder Niederlage verstanden wurde.

Die atemberaubende Dynamik der Auseinandersetzung forderte früh Erklärungen. In der historischen Forschung wurden in den 45 Jahren der Auseinandersetzung drei Hauptdeutungen präsentiert.

(1) Nach der *traditionellen Vorstellung*, der frühesten Erklärung, war für die Entstehung und Forcierung des Kalten Krieges die marxistisch-leninistische Ideologie mit ihrem Anspruch auf

die Weltrevolution verantwortlich. Diese habe die Sowjetunion prinzipiell auf einen aggressiven Kurs gegenüber dem Westen festgelegt. Pragmatische Annäherungen in Entspannungsphasen seien zwar möglich gewesen, nicht jedoch eine Abschwächung des Expansionsdranges. Wichtige Vertreter dieser Auffassung kamen aus der amerikanischen Regierung: George Kennan, der «Erfinder» der Eindämmungspolitik (*Containment Policy*), und John Foster Dulles, der Schöpfer der Befreiungspolitik (*Liberation Policy*). Als Kronzeuge aus dem Osten galt den Anhängern der traditionellen Interpretation lange Jahre Milovan Djilas. Der maßgebliche Theoretiker des jugoslawischen Kommunismus teilte in seinen quellenkritisch höchst umstrittenen Erinnerungen unter dem Titel *Gespräche mit Stalin* (dt. 1962) mit, der sowjetische Diktator habe ihm im April 1945 anvertraut, er werde das sowjetische System überall dort einführen, wohin die Rote Armee vordringe.

(2) Die *revisionistische Erklärung* betonte seit den sechziger Jahren die amerikanische Verantwortung für die Entstehung des Kalten Krieges. Die Sowjetunion sei aus dem Zweiten Weltkrieg geschwächt hervorgegangen und habe dem Westen nahezu hilflos gegenübergestanden. Stalins Politik sei weniger von imperialen Vorstellungen ausgegangen als von der Bewahrung und Sicherung des bestehenden Staates. Die Ursache des Konflikts müsse man daher vielmehr in der politisch-wirtschaftlichen Struktur der Vereinigten Staaten sehen, die auf permanente Erschließung neuer Absatz- und Rohstoffmärkte ausgerichtet sei. Als wichtige Vertreter der These gelten William A. Williams, Gabriel Kolko, David Horowitz oder Lloyd C. Gardner.

Wie unterschiedlich die Vertreter der beiden Ansätze auf der Basis der gleichen Quellen urteilen konnten, zeigte sich in der Interpretation der alliierten Konferenz von Jalta im Februar 1945. Trotz unterschiedlicher Auffassungen, zum Beispiel über die Festlegung einer neuen deutschen Ostgrenze, gab es hier auch sichtbare Kompromisse. Stalin stimmte etwa den amerikanischen Wünschen zu, in den Krieg gegen Japan einzutreten, aber nach dessen Niederlage nicht die chinesischen Kommunisten zu unterstützen. Roosevelt wiederum gab im Gegenzug sein

Einverständnis, daß Moskau die Gebiete zurückerhalten werde, die im russisch-japanischen Krieg 1905 verloren worden waren. Man konnte sich auch über das Stimmenverhältnis im Sicherheitsrat der «Vereinten Nationen» (UNO) einigen, und Stalin erneuerte hier zudem seine Zusicherung, daß in allen vom Nationalsozialismus befreiten Gebieten die Bevölkerung selbst über ihre Regierung entscheiden dürfte.

Für die Vertreter der traditionellen Auffassung war die hier demonstrierte Verhandlungsbereitschaft Stalins nichts weiter als ein Mittel zum Zweck. Der sowjetische Diktator habe damals begriffen, daß Kompromißbereitschaft auch eine Methode sein könne, den Verhandlungspartner zu manipulieren. Im Gegensatz dazu stellte sich für die revisionistische Schule die Konferenz von Jalta als der Punkt dar, an dem die Bereitschaft der Sowjets zur Verständigung am größten war, aber von den Westmächten nicht genügend wahrgenommen wurde.

(3) Beide Positionen näherten sich seit den siebziger Jahren in der *postrevisionistischen Interpretation* des Kalten Krieges an: Sie geht davon aus, daß die Fehlinterpretation beider Seiten für die rasante Entstehung und bedrohliche Entwicklung der Auseinandersetzung maßgeblich war. Kontinuierlich habe die verfehlte Wahrnehmung falsche Entscheidungen produziert. Als Vertreter gelten zum Beispiel Wilfried Loth oder Daniel Yergin. Vieles, was in den letzten Jahren nach der Öffnung bisher verschlossener Archive zutage gefördert wurde, weist in diese Richtung.

(4) Die nach 1991 unter Nutzung neuer Archivalien entstandene vierte, *mentalitätsgeschichtlich-empirische Erklärung* unterstreicht dagegen, daß der Kalte Krieg von den Hauptbeteiligten keineswegs als Mißverständnis betrachtet wurde. Vielmehr wurde er von ihnen von Beginn an und auf beiden Seiten bewußt und mit vollem Einsatz als ein «Krieg anderer Art» geführt. Er sollte zwar – wenn möglich – nicht zum Atomkrieg führen, aber er sollte gewonnen werden. Daß diese Interpretation die Realität trifft, zeigen nicht zuletzt die heftigen Debatten um Sieger und Besiegte nach 1991.

Viele Fragen sind jedoch auch heute noch nicht abschließend beantwortet. Die in der ersten Begeisterung über die Öffnung bislang verschlossener Archive 1991 vertretene Meinung, nun werde die Geschichte des Kalten Krieges neu geschrieben werden müssen, hat sich bisher nicht bewahrheitet. Einige wichtige Entdeckungen gab es jedoch. So ließ sich zum Beispiel die direkte Beteiligung Stalins bei den Invasionsvorbereitungen Nordkoreas 1950 nachweisen. Lange hatte man vermutet, der nordkoreanische Präsident Kim Il Sung habe eigenmächtig gehandelt.

Andere Fragen aus der Geschichte des Kalten Krieges sind bis heute noch nicht einmal im Ansatz beantwortet. Der Kalte Krieg als «Krieg» erschloß erhebliche Ressourcen in Ost und West. Insbesondere im Westen waren die Wohlstandseffekte des Kalten Krieges unübersehbar. Schaut man aber genauer hin, war der Kalte Krieg eben auch der große Verhinderer. Gerade in diesem Bereich fehlt bis heute eine genauere Untersuchung: Welche Forschungen wurden nicht finanziert, welche Buchproduktionen, welche Filme kamen nicht an die Öffentlichkeit, welche Einrichtungen wurden nicht eröffnet, welche Lebensläufe wurden zerstört, welche Karrieren unterbunden?

I. Der Beginn des Kalten Krieges

1. Der Ost-West-Konflikt seit 1917

Zeitgenossen, wie der französische Philosoph und Politiker Alexis de Toqueville (1805–1859), sahen einen Konflikt zwischen den aufstrebenden Mächten USA und Rußland bereits im 19. Jahrhundert voraus. Bezeichnenderweise glaubte Toqueville in seiner berühmten Darstellung *Über die Demokratie in Amerika* (1835), daß der wichtigste Auslöser der ideologische Gegensatz sein werde: Das idealistisch verstandene demokratische Prinzip in den Vereinigten Staaten stehe dem monarchischen Prinzip unvereinbar gegenüber.

Tatsächlich war die berühmte außenpolitische Rede des amerikanischen Präsidenten James Monroe von 1823, die dann zwanzig Jahre später zur «Monroe-Doktrin» völkerrechtlich umgedeutet wurde und während des Kalten Krieges eine wichtige Rolle spielte, eine politische Kampfansage der Demokratie an die «Despoten» gewesen. Monroe hatte sich allerdings vorwiegend gegen die befürchtete Einmischung der Heiligen Allianz auf der Seite Spaniens gegen die südamerikanischen Kolonien sowie gegen Rußlands Expansionsbestrebungen an der Nordwestspitze des amerikanischen Kontinents aussprechen wollen. Er postulierte dafür ein prinzipielles Interventionsverbot europäischer Mächte in diesem Raum.

In den Ausführungen des US-Präsidenten von 1823 wie in der späteren Monroe-Doktrin war zudem noch ein zweiter Aspekt enthalten, der den ideologisch-politischen Konflikt unterstrich. Monroe hatte in einer aus der Rede entfernten Passage der griechischen Befreiungsbewegung, die damals gegen das Osmanische Reich kämpfte, die ideologische Unterstützung der USA zugesichert. 1830 erfolgte eine solche Erklärung auch für die polnische Freiheitsbewegung, 1849 für die aufständischen Ungarn. Als in der Anfangszeit des Kalten Krieges die Konzepte für

eine Befreiung Osteuropas von der sowjetischen Herrschaft im
US-Kongreß diskutiert wurden, waren es exakt diese Traditio-
nen, die zur Begründung herangezogen wurden.

Der ideologische Gegensatz zwischen Rußland und den USA
verschärfte sich im 19. Jahrhundert noch einmal in den 1880er
Jahren, als nach der Ermordung des Zaren Alexander II. die
Unterdrückung revolutionärer Bewegungen in Rußland zunahm. Besonders intensiv wurde der ideologische Gegensatz
dann nach der Russischen Revolution 1917. Der Westen versagte
den Bolschewiki jede Anerkennung. Die «Vierzehn Punkte», das
Friedensprogramm des amerikanischen Präsidenten Woodrow
Wilson im Januar 1918, waren daher nicht nur ein westliches
Konzept gegen die Monarchien der Mittelmächte, sondern auch
gegen die Bolschewiki und ihre «Diktatur des Proletariats».

Der ideologische Konflikt war hier bereits in seinen Grund-
zügen vorhanden: Der weltweite Anspruch beider Weltanschauungen war offensichtlich, und auch der Ansatz zur Blockbildung war unverkennbar: An der militärischen Intervention
britischer, französischer und japanischer Verbände in Rußland
auf Seiten der «weißen» antibolschewistischen Truppen 1918
beteiligten sich dann auch die USA. Rund 10 000 Soldaten
wurden für einige Monate nach Murmansk und Wladiwostok
geschickt.

Während die 1922 gegründete «Union der sozialistischen
Sowjetrepubliken» (UdSSR) von Deutschland, dem großen Verlierer des Ersten Weltkrieges, diplomatisch anerkannt wurde,
entschieden sich die USA erst 1933 unter Franklin D. Roosevelt
zur Anerkennung. Seit 1922 unterhielt Washington allerdings
eine Gesandtschaft in Riga, die regelmäßig über die Sowjetunion berichtete. Auch diese Meldungen der «Rigaer Sektion»
hatten bereits Einfluß auf den späteren Kalten Krieg. George
Kennans Anschauungen über die Sowjetunion, die die Grund-
lage für seine ab 1945/46 entwickelte «Eindämmungspolitik»
waren, wurden hier geprägt. Ab 1929 absolvierte er in Riga
einen Teil seiner diplomatischen Ausbildung. Ab 1933 arbeitete
Kennan dann als Sekretär in der Moskauer US-Botschaft, wo er
Stalins «Säuberungs»-Politik miterlebte.

2. Begrenzte Kooperation:
USA und UdSSR im Zweiten Weltkrieg

Die Beziehungen zwischen den USA und der UdSSR blieben auch in den dreißiger Jahren bis zum Zweiten Weltkrieg schwach. In den Vereinigten Staaten herrschte nach wie vor eine antikommunistische Grundstimmung, obwohl ab Ende der zwanziger Jahre eine gewisse intellektuelle Begeisterung für kommunistische Ideen erkennbar war. Bis zur Weltwirtschaftskrise hatte es private amerikanische Geschäftsbeziehungen zur UdSSR gegeben. Die Sowjets importierten vor allem Maschinen für die Industrialisierung ihres Landes. Die USA kauften insbesondere billige sowjetische Produkte. Mit dem Börsenkrach 1929 kam das Handelsembargo für sowjetische Importe.

Daß Roosevelts Politik des *New Deal* von seinen Gegnern zeitweilig erfolgreich als kommunistisch diffamiert werden konnte, zeigte eindringlich eine der Grundängste in der amerikanischen Gesellschaft: die Furcht vor einer schleichenden Unterwanderung mit undemokratischem Gedankengut zur Zerstörung des *American Way of Life*. Die eigentliche Bedrohung sah Roosevelt selbst eher im Nationalsozialismus. Hitler rückte rasch für ihn sogar in die Position eines persönlichen Gegners. Isolationistische oder gar deutschfreundliche Strömungen in den USA verurteilte der Präsident lange vor der deutschen Kriegserklärung an die USA im Dezember 1941 als Illoyalität gegenüber dem eigenen Land. Die Verfolgung richtete sich in den USA seit 1940 aber auch gegen Kommunisten. Die Landesverratsbestimmungen des sogenannten *Smith Acts* wurden bis 1945 sogar weit häufiger gegen «Kommunisten» oder «kommunistische Bestrebungen» als gegen Nationalsozialisten angewandt. Man hat im Rückblick darin häufig die Grundlegung des späteren *McCarthyism* (s. S. 57 f.) gesehen.

Außenpolitisch blieben die USA bis zum Dezember 1941 gegenüber den Achsenmächten formal neutral. Roosevelt glaubte als Anhänger Wilsons zwar, daß ein Beiseitestehen in dem sich abzeichnenden Konflikt nicht möglich sein werde, faktisch war er jedoch zunächst an das Neutralitätsgesetz von 1935 und durch den weitverbreiteten Isolationismus in den USA gebunden. Der Versuch, die isolationistische Stimmung im Lande aufzubrechen, begann mit seiner «Quarantäne-Rede» am 5. Oktober 1937. Wenn auch dieser Ankündigung zunächst keine Taten folgten und der Isolationismus sogar noch zunahm, in der Idee ging die Quarantäne-Vorstellung bereits in die gleiche Richtung wie zehn Jahre später die *Containment*-Politik. Roosevelts Rede kreiste um den Leitgedanken, man müsse die undemokratischen, expansiven Nationen unter Quarantäne stellen, sie eindämmen.

Daß die Quarantäne-Politik eine gewichtige langfristige politische Zielrichtung hatte, bestätigte Roosevelt im kleinen Kreis. Es ist sicherlich zu stark pointiert, wenn man folgert, Roosevelt habe den Kriegseintritt der USA gegen die Achsenmächte angestrebt, wie einige Autoren immer wieder behauptet haben. Sicher ist allerdings, daß er bereits vor 1939 klargestellt hatte, daß die USA im Falle einer drohenden Niederlage der Westmächte Unterstützung an diese leisten würden. Die Lieferung von Zerstörern im September 1940 und das «Leihen» von Waffen nach dem *Lend-and-Lease-Act* vom März 1941 widersprach bereits den internationalen Neutralitätsregeln. US-Marineminister Knox räumte zudem vor einem Senatsausschuß im September 1941 ein, daß US-Kriegsschiffe auch ohne Angriff der Gegenseite Wasserbomben auf deutsche U-Boote warfen – eine Maßnahme, die immerhin zuließ, daß man den Krieg mit Deutschland billigend in Kauf nahm.

Unmittelbar nach dem deutschen Angriff auf die Sowjetunion sandte Roosevelt im Juli 1941 einen seiner engsten Mitarbeiter, Harry Hopkins, nach Moskau, um amerikanische Unterstützung anzubieten. Es war ein «unnatürliches Bündnis», wie alle wußten, und es kam nur dadurch zustande, daß man Hitler zu diesem Zeitpunkt für die größere Gefahr hielt. Die deutschen Armeen überrannten in den ersten Monaten die Rote Armee und standen bereits im Oktober vor Moskau. Bis zum November 1941 lieferten die USA bereits Güter im Wert von etwa 145 Millionen US-Dollar, um den Zusammenbruch der UdSSR zu verhindern. Insgesamt stellten die Amerikaner den Sowjets bis zum August 1945 Hilfe für rund 43,6 Milliarden Dollar zur Verfügung.

Die Unterstützung des sowjetischen Diktators zur Beseitigung des deutschen Diktators bei gleichzeitiger Einhaltung westlicher Positionen war nur als Zweckbündnis bei gegenseitiger ideologisch-politischer Zurückhaltung zu vermitteln. Auch Stalin wußte dies und kam den Westmächten seinerseits im Mai 1943 durch die Auflösung der «Kommunistischen Internationale» (Komintern) entgegen, deren Aufgabe es seit 1919 gewesen war, die Weltrevolution aktiv zu fördern. Auf westlicher Seite hatte man die zentralen westlichen Kriegsziele bereits im August 1941 ohne die Sowjets verabschiedet: Die *Atlantic Charter* forderte das Selbstbestimmungsrecht der Völker, die freie Wahl der Regierungsform, die Ablehnung von Annexionen, den Gewaltverzicht und den freien Handel. Aber auch diesen Forderungen schloß sich der sowjetische Diktator, der knapp zwei Jahre zuvor mit Hitler den berüchtigten Geheimvertrag zur Teilung Polens vereinbart hatte, im September 1941 nicht nur an. Darüber hinaus stimmte er im Februar 1945 während der Konferenz in Jalta auch der inhaltlich ähnlichen «Erklärung über das befreite Europa» zu. Der Bruch dieser Vereinbarungen im Zuge der sowjetischen Besetzung Ostmitteleuropas wurde dann zum zentralen Grund für das Zerwürfnis der Siegermächte 1944/45.

3. Der Bruch der alliierten Koalition 1944/45

Das «unnatürliche Bündnis» war trotz des gegenseitigen Entgegenkommens von Beginn an erheblichen Zerreißproben ausgesetzt. Gleichzeitig verlief es trotz der Gegensätze für Außenstehende erstaunlich gut. Das zusammenbrechende nationalsozialistische Deutschland, das seine größten Hoffnungen auf den Zerfall der alliierten Koalition nach dem Tod Roosevelts am 12. April 1945 setzte, sah sich enttäuscht. Man übersah dort, daß der wichtigste Nenner des alliierten Zusammenhalts die Vernichtung des Nationalsozialismus blieb. Erst nach dem Selbstmord Hitlers am 30. April zeigte sich zunehmend öffentlich, wie zerbrechlich der Zusammenhalt war. In der Regierung

Dönitz, jener bis zum 23. Mai 1945 in Flensburg amtierenden «Reichsregierung», wurde daher intensiv die Hoffnung gepflegt, man könne den Krieg gegen die Sowjets nun mit Hilfe der Westmächte fortsetzen.

Der Bruch zwischen den Alliierten 1944/45 ist zum Teil als überraschende «Wende» interpretiert worden. Man kann sie aber auch schlicht als absehbare Rückkehr zu gewohnten Sichtweisen verstehen. Nachdem das gemeinsame Ziel erreicht war, zeigten sich die aufgestauten Konflikte und ideologisch-politischen Unterschiede umso deutlicher. Neben dem kontinuierlichen Streitpunkt um den Aufbau einer Zweiten Front betraf der wichtigste politische Konflikt die Nachkriegsordnung. Was sollte mit den befreiten Staaten, was sollte vor allem mit Deutschland geschehen? Gemeinsame Erklärungen gab es genug, und die Westalliierten kamen Stalin weit entgegen. Sie akzeptierten schon während der Konferenz von Teheran Ende 1943 die sowjetischen Annexionen, die Stalin mit Hitler ausgehandelt hatte: Er durfte die Baltischen Staaten und das annektierte Ostpolen behalten. Polen sollte durch deutsche Gebiete entschädigt werden. Man konnte sich 1944 in einer Besprechung in Moskau sogar auf Einflußsphären in Ost- und Südosteuropa einigen. Zusammen mit den bereits vorher von Stalin gegebenen Zusagen über das Selbstbestimmungsrecht der Völker schien die demokratische Nachkriegsordnung gesichert.

In der Realität jedoch widersprachen die von der Roten Armee bei ihrem Vormarsch geschaffenen Tatsachen den westlichen Hoffnungen diametral. In allen von der deutschen Herrschaft befreiten Gebieten Osteuropas, zunächst mit Ausnahme der Tschechoslowakei, wurde unter Druck die kommunistische Regierungsübernahme vorbereitet. Teilweise wurden, wie in Bulgarien Anfang 1945, Antikommunisten beseitigt. Das sowjetische Vorgehen in Polen erwies sich für das Verhältnis der Westmächte zur Sowjetunion am folgenreichsten, nicht zuletzt, weil durch die polnischstämmigen US-Bürger erheblicher innenpolitischer Druck in den USA möglich war. Um Polen gab es von Anfang an die meisten Konflikte. Der sowjetische Diktator hatte bereits im Juli 1944 deutlich gemacht, daß er nur das prosowjetische «Lubliner Komitee» anerkennen werde, keinesfalls die damals noch in London weilende bürgerliche Exilregierung. Davon war er zwar während der Konferenz in Jalta abgewichen. Nach den manipulierten polnischen Wahlen im Oktober 1947 war dann aber endgültig sicher, daß keine westliche Demokratie eingerichtet werden würde. Mit Bolesław Bierut wurde hier ein «polnischer Stalin» an die Macht gebracht. Im Februar 1948 fiel dann auch die Tschechoslowakei. Nach einem kommunistischen Staatsstreich und Scheinwahlen setzte sich hier der Moskauer Kandidat Klement Gottwald durch. Überall, wo die Rote Armee stand, wurden «Volksdemokratien» eingerichtet, nicht zuletzt im Ostteil Deutschlands.

Gerade in der Deutschlandfrage waren viele Fragen offen geblieben. Während der Konferenz in Jalta im Februar 1945 einigte man sich darauf, daß das im Osten bis zur Oder-Neiße-Linie verkürzte Reichsgebiet in vier Besatzungszonen eingeteilt werden sollte. Über die Dauer war nicht gesprochen worden. Die von den Angloamerikanern dort angekündigte Einbeziehung der Franzosen als vierte Siegermacht verstärkte Stalins Mißtrauen gegenüber dem Westen noch einmal erheblich. Als wichtigsten Fortschritt verstand Roosevelt in Jalta die offizielle Zustimmung der UdSSR zur Gründung und Zusammensetzung der Vereinten Nationen. Deren erste Sitzung fand in den letzten Kriegstagen, am 25. April 1945, in San Francisco statt. Die UNO entwickelte sich dann allerdings zum Kampfplatz der USA und der UdSSR im Kalten Krieg.

Die Potsdamer Konferenz im Juli und August 1945 war bereits erkennbar vom Konflikt gekennzeichnet. Von westlicher Seite nahm als Nachfolger des im April verstorbenen Roosevelt dessen ehemaliger Vizepräsident, Harry S. Truman, teil. Er war zwar von seinem Vorgänger nicht über alles informiert worden, seinem Ärger über das sowjetische Vorgehen in Ostmitteleuropa hatte er jedoch bereits im April gegenüber Außenminister Molotow Luft gemacht. Auch auf der UNO-Gründungstagung waren bereits eindeutig moskaufeindliche Äußerungen gefallen. Truman veranlaßte zudem den sofortigen Stopp der Lieferungen an die Sowjetunion. Auf britischer Seite war Winston Churchill nach den verlorenen Wahlen in England am 28. Juli durch den außenpolitisch unerfahrenen Premier Clement Attlee von der Labour Party ersetzt worden. Stalin war mit Abstand der erfahrenste Teilnehmer der Konferenz. Trotzdem konnte er sich nicht mit seinem wichtigen Ziel, der Festlegung von Reparationen, durchsetzen. Alle Fragen, die in Potsdam offen blieben oder unzulänglich geklärt worden waren, wurden zum Problem des entstehenden Kalten Krieges. Ein Friedensvertrag wurde mit Gesamtdeutschland nicht mehr geschlossen. Ihn ersetzte 1990 der «Zwei-Plus-Vier-Vertrag» (s. S. 114).

Darüber hinaus wurde während der Konferenz der wichtigste technisch-militärische Beitrag zum Kalten Krieg geliefert, der den bisherigen Ost-West-Konflikt in eine neue, bisher unbekannte Dimension hob, obwohl dies die Beteiligten zunächst nicht ahnten. Noch am Vorabend der Konferenz war Truman über den erfolgreichen Test der Atombombe informiert worden. Vor allem wohl angesichts der verzweifelten Entschlossenheit Japans, die sich kurz zuvor bei der Besetzung Okinawas, der «Türschwelle Japans», gezeigt hatte, gab Truman während der Konferenz, am 24. Juli, den Befehl zum Einsatz der neuen Waffe, wenn das Wetter es zuließe. Am 6. und am 9. August 1945 explodierten zwei Atombomben über den japanischen Städten Hiroshima und Nagasaki und richteten massive Verwüstungen an. Am 10. August bot die japanische Regierung die Kapitulation an, wenn der Kaiser im Amt verbleibe. Vier Tage später stimmte Truman zu. Am 2. September 1945 war der Zweite Weltkrieg offiziell beendet.

Der Einsatz der Kernwaffen, der den USA für etwa vier Jahre einen technologischen Vorsprung sicherte, war aber auch eine Machtdemonstration gegenüber Stalin. Der von Truman noch vor dem Einsatz informierte sowjetische Diktator zeigte sich jedoch auffallend unbeeindruckt. Mittlerweile weiß man, daß er bereits Kenntnisse hatte und die UdSSR selbst die Entwicklung einer eigenen Atomwaffe vorantrieb. Am 29. August 1949 konnte die erste sowjetische Atombombe erfolgreich gezündet werden. In der Entwicklung der Wasserstoffbombe lagen die beiden «Supermächte» dann nur noch ein knappes Jahr auseinander: Im November 1952 detonierte die erste amerikanische, im August 1953 die erste sowjetische H-Bombe.

II. Strategien für den globalen Konflikt 1945–1947

1. USA: Eindämmungs- und Befreiungspolitik

Die hektische Suche nach einer erfolgverprechenden Strategie gegen den neuen Gegner orientierte sich in den USA deutlich an den Erfahrungen mit dem Nationalsozialismus. Der gemeinsame Nenner aller Überlegungen für eine außenpolitische Strategie im Kalten Krieg war allerdings die traditionelle Vorstellung, daß antidemokratische Mächte, einerlei, ob sie sich nun als monarchisch, faschistisch, nationalsozialistisch oder kommunistisch bezeichneten, auf Dauer eine Bedrohung der vitalen Interessen der Vereinigten Staaten darstellten. Ausdruck dieser Modifikation oder eigentlich der Rückkehr zum Feindbild war 1946 das aus Moskau nach Washington gesandte «Lange Telegramm» George F. Kennans. Der als Botschaftsrat in Moskau tätige Kennan war als prinzipieller Gegner der Kooperationspolitik Roosevelts bekannt und hatte bereits Ende 1944 von der Sowjetunion als neuem Feind gesprochen. Sein Kabelbericht vom 22. Februar 1946 an Außenminister Byrnes sprach von der Weiterexistenz einer grundsätzlich aggressiven sowjetisch-russischen Außenpolitik. Gleichbleibendes Ziel der sowjetischen Diktatur sei es, die westliche Demokratie auf jede erdenkliche Weise zu schwächen. Mit einem solchen Staat könne es keinen *Modus vivendi* geben, sondern nur die Auseinandersetzung.

Kennans Analyse und seine Forderung nach einer geeigneten Antwort auf die angenommene sowjetische Aggressivität fand in Washington fast ungeteilte Zustimmung, nicht zuletzt, weil sich in ihr die traditionellen Vorstellungen amerikanischer Politik fanden. Zustimmung kam unter anderem von Außenminister James Byrnes, aus der Europa-Abteilung des State Departments und von Marineminister James Forrestal. Forrestal war es auch, der eine Artikelversion von Kennans Langem Telegramm in der Zeitschrift *Foreign Affairs* unter dem Titel «The Sources of Soviet Conduct» vor der Veröffentlichung 1947 abzeichnete. In einer aufsehenerregenden Rede vor westdeutschen Politikern in Stuttgart am 6. September 1946 machte Byrnes dann wenig später deutlich, daß die Amerikaner angesichts der tatsächlichen Lage gewillt seien, lieber Deutschland zu teilen als unter sowjetischen Vorzeichen zu vereinigen. Von britischer Seite wurde die Bedrohung ähnlich gesehen. Churchill sprach in seiner berühmten Rede im amerikanischen Fulton am 5. März 1946 nicht nur von einem «Eisernen Vorhang», der Europa geteilt habe, sondern von einem unverhohlenen sowjetischen Expansionismus.

Besonders beunruhigend schien es den Westmächten, daß die in Europa sichtbare Bedrohung durch den Kommunismus anscheinend auch weltweit vorhanden war. In Asien entwickelte sich Nordkorea zu einem stalinistischen Staat, in China setzte sich bis 1949 die chinesische Revolution unter Mao Tse-tung durch, und in Südostasien waren bis 1954 die kommunistischen Vietminh unter Ho Chi Minh siegreich. Im Mittleren Osten, wo der ölreiche Iran noch während des Krieges von britischen und sowjetischen Truppen besetzt worden war, rückten Einheiten der Roten Armee aus den Nordprovinzen vor, um von der persischen Regierung Fördergenehmigungen zu erzwingen. Und überall wurden offensichtlich gezielt innenpolitische Konflikte instrumentalisiert. Im Iran wurden Separatisten unterstützt, die schließlich im nordiranischen Aserbaidschan eine autonome Regierung proklamierten. In Griechenland begann im August 1946 der bis 1949 dauernde Bürgerkrieg zwischen den zunächst von Großbritannien unterstützten Regierungstruppen und den vor allem von Jugoslawien, Albanien und Bulgarien versorgten kommunistisch dominierten Partisanenverbänden. Mittlerweile weiß man, daß Stalin keineswegs dafür war. Aber nicht nur in Südost-, sondern auch in West- und Südeuropa schienen sich die Anzeichen für kommunistische Machtübernahmen zu mehren.

In Italien waren die Kommunisten bereits die dritte Kraft, und die bürgerlichen Parteien konnten nur noch eine christdemokratische Minderheitsregierung aufbauen. In Frankreich, wo ebenfalls die Kommunistische Partei stark war, rollte ab Ende 1947 eine Streikwelle, begleitet von erheblicher politischer Gewalt, durch das Land. Sie war bereits eindeutig aus Moskau gelenkt.

Auch andere Ereignisse ordneten sich aus westlicher Perspektive in das Szenario ein. So erschienen jetzt die alten, bereits während des Krieges von Stalin vorgetragenen Forderungen nach einer sowjetischen Mitkontrolle der türkischen Meerengen, bedrohlich. Die andauernde türkisch-griechische Krise wurde allerdings inmitten dieser dramatischen Ereignisse zum eigentlichen Ausgangspunkt einer offiziellen Neuformulierung einer westlichen Strategie. Auf der Basis der Vorschläge Kennans wurde am 12. März 1947 die *Containment*-Politik aus der Taufe gehoben. Nun kam zum ersten Mal auch praktisch die Vorstellung zum Tragen, daß man Eindämmung offensiv betreiben müsse, wenn sie erfolgreich sein solle.

Trumans Rede vom 12. März 1947, in der es vordergründig lediglich um die Gewährung von 400 Millionen Dollar Wirtschafts- und Militärhilfe für Griechenland und die Türkei ging, stellte den bisherigen gemeinsamen Kampf gegen «totale Regierungsformen» in den Mittelpunkt und verwies auf die Gefahr, daß bei Duldung der kommunistischen Expansionsversuche auch die Freiheit der eigenen Staatsform bedroht sei. Er sei der Ansicht, «daß wir den freien Völkern beistehen müssen». Dies war die augenfällige Absage an jede Art des Isolationismus. Die Fehler nach dem Ersten Weltkrieg sollten sich nicht wiederholen.

Vor dem Hintergrund allgemeiner Bedrohungsszenarien und der Mehrheitsverhältnisse im US-Kongreß geriet die Strategie der Eindämmung sowjetischen Einflusses in den USA sofort in den Strudel der Wahlkämpfe. Die Antwort der Republikanischen Partei auf die Eindämmungspolitik war ab 1947, vor allem aber in den Wahlkämpfen 1948 und 1952, die «Befreiungspolitik» (*Rollback/Liberation*). Für sie stand der Name ihres außenpolitischen Experten John Foster Dulles. Wichtigstes Unterscheidungsmerkmal war nach seiner Darstellung die Überwindung der Passivität. Während die *Containment*-Politik Kennans warte, bis sich Moskau entscheide, weiter zu expandieren, greife die *Liberation Policy* den Feind in seinem eigenen Machtbereich an. Befreiungspolitik sollte die Regimegegner und den Umsturz in den kommunistischen Staaten fördern und bereits auf diese Weise eine weitere Expansion verhindern.

Jenseits aller parteipolitischen Querelen waren beide Konzepte allerdings eng miteinander verwandt. 1953/54 wuchsen sie unabhängig von parteipolitischen Kämpfen zu einer integrativen *Containment-Liberation*-Strategie zusammen, die bis über das Ende des Kalten Krieges hinaus Bestand hatte.

2. UdSSR: Schdanows Theorie der «Zwei Lager»

Auch in Moskau hatten die offiziellen Verlautbarungen an Schärfe zugenommen. Vor dem Obersten Sowjet hatte Stalin am 9. Februar 1946 in Anlehnung an Lenin die These von der Unvermeidlichkeit von Kriegen mit dem Kapitalismus bekräftigt. Dies war zwar nichts unmittelbar Neues, bekam aber auch im Kontext der sowjetischen Realpolitik und früherer Äußerungen eine bedrohliche Note. Dulles zum Beispiel glaubte, den entscheidenden Hinweis auf die weitere sowjetische Außenpolitik in Stalins Schrift *Probleme des Leninismus* von 1939 gefunden zu haben. Dieser sprach er ähnliche Aussagekraft wie *Mein Kampf* zu. Hitlers Buch wurde zum selben Zeitpunkt von der Anklage des Internationalen Militärtribunals in Nürnberg immerhin als direkte Anleitung zur Eroberung der Welt gewertet.

Die Antwort Moskaus auf Trumans Rede vom 12. März war die Gründung des «Kommunistischen Informationsbüros» (Kominform) im September 1947. Auf der Gründungssitzung des Kominform am 30. September wurde die Rede gleich mehrfach als Ursache genannt. Das Kominform sollte eine weltweite Koordinierungsstelle der kommunistischen Bewegung sein, ein Neubeginn der 1943 aufgelösten Komintern. Die prominente Besetzung der Leitung machte die offizielle Bedeutung sichtbar, auch wenn das Kominform, das zunächst im jugoslawischen Belgrad seinen Sitz hatte, in dieser Hinsicht längst nicht an seinen Vorgänger heranreichte. Der Vorsitzende Andrej Schdanow war lange Zeit als Nachfolger Stalins gehandelt worden.

Auf der Gründungsveranstaltung des Kominform im polnischen Szklarska Poręba präsentierte Schdanow die neue strategische Marschrichtung der Sowjetunion, die sogenannte «Zwei-Lager-Theorie». Zwei Weltlager seien mit dem Ende des Zweiten Weltkrieges entstanden: das imperialistisch-antidemokratische stehe auf der einen und das antiimperialistisch-demokratische auf der anderen Seite. Die von den USA geführten Satellitenstaaten seien lediglich eine widerspruchslose Gefolgschaft bei der Vorbereitung eines neuen Krieges, der Unterstützung faschistischer Systeme sowie der Bekämpfung des Sozialismus. Den von der UdSSR geführten Staaten sowie allen Kommunisten wurde es zur Aufgabe gemacht, sich für den Kampf gegen den «Imperialismus» bereit zu halten.

Mit der «Zwei-Lager-Theorie» war der Kalte Krieg nun offiziell eröffnet. Beide Seiten interpretierten die gegnerischen Positionsbestimmungen als Kriegserklärung. Auf beiden Seiten sollten sie natürlich auch der Vereinheitlichung und Stärkung der eigenen Position dienen. Am Beispiel Jugoslawiens demonstrierte Stalin 1948, daß tatsächlich alle Abweichungen von der offiziellen Linie – insbesondere der Nationalkommunismus – den Bruch mit Moskau zur Folge haben würden. Ähnlich gelagert war zwanzig Jahre später die «Breschnew-Doktrin», die ein beschränktes Selbstbestimmungsrecht und eine eingeschränkte Souveränität der sozialistischen Staaten postulierte und als Rechtfertigung für den Einmarsch in die Tschechoslowakei diente.

Der entscheidende Grund für das sowjetisch-jugoslawische Zerwürfnis 1948 war Titos eigenständige Außenpolitik und hier insbesondere seine Planungen zu einer Balkanföderation mit Albanien und Bulgarien. Tito widersetzte sich zudem Moskaus Ansinnen, sein Verhalten einer grundlegenden «Selbstkritik» zu unterziehen, was faktisch einer Unterwerfung gleichgekommen wäre. Mehrheitlich beschloß das jugoslawische Zentralkomitee im April 1948, sich nicht einschüchtern zu lassen. Am 27. Juni 1948 kam die Quittung: Das Kominform verlegte seinen ständigen Sitz in das rumänische Bukarest und beschloß darüber hinaus den Ausschluß Jugoslawiens. Die Folgen waren ebenso überraschend wie dramatisch. Alle bestehenden Handelsverträge Jugoslawiens mit anderen Ostblockstaaten wurden gekündigt oder nicht mehr erfüllt. Parallel wurde Jugoslawien mit Kominform-Propaganda überschüttet.

In dieser Situation zeigte sich, daß Jugoslawien tatsächlich einen Sonderfall unter den kommunistischen Staaten Ostmitteleuropas bildete. Titos Politik fand die mehrheitliche Zustimmung in der Bevölkerung. Sowjetische Aufrufe, den Staatchef zu stürzen, selbst die Drohung, die «Bruderstaaten» würden einmarschieren, blieben völlig wirkungslos. In der Sowjetunion und ihren Satellitenstaaten war die Rebellion Titos darüber hinaus der Startschuß für eine allgemeine Jagd auf «Agenten des Westens». Zwischen 1948 und 1953 wurden überall tatsächliche oder angebliche «Titoisten» verfolgt. Zehntausende verschwanden in den Gefängnissen.

Im Westen hielt man Titos Verhalten fälschlicherweise für ein freiwilliges Ausscheiden Jugoslawiens aus dem Ostblock. Hier reagierte man mit einer erstaunlichen Doppelstrategie. 1949/50 liefen die Hilfsmaßnahmen für Tito an, und bis 1963 wurden rund 2,2 Milliarden US-Dollar allein in diesem Land investiert. Sie sollten nicht nur eine «Belohnung» für Tito, sondern auch ein Anreiz für andere Staaten sein, die mit der Möglichkeit eines «nationalen Weges» spielten. Zusätzlich wurde Jugoslawien 1949 zum Ziel einer der ersten Verdeckten Operationen, die entgegen der von der US-Regierung vorgegebenen Linie zum Ziel hatte, eine Revolution in Jugoslawien auszulösen und das Land vom Kommunismus zu befreien. Eine solche Parallelstrategie der US-Behörden hat es im Kalten Krieg nur in Jugoslawien gegeben, und sie stieß bei Bekanntwerden auf heftige Kritik.

Es war angesichts dieser Fronten ein deutliches Zeichen der Entspannung, als Stalins Nachfolger Chruschtschow kurz vor seiner berühmten «Geheimrede» zu den Verbrechen Stalins im Februar 1956 ein Friedensangebot an Tito richtete und schließlich am 17. April das Kominform auflöste.

3. Der Krieg der Geheimdienste

Der Krieg der Geheimdienste begann nicht erst 1947, er wurde aber durch die gegenseitige «Kriegserklärung» heftiger. Die Amerikaner standen hier vor einem besonderen Problem. Sie hatten 1945 ihren Geheimdienst OSS (Office of Strategic Services) weitgehend aufgelöst, und das Wissen über die UdSSR und Osteuropa war spärlich. Die 1947 gegründete «Central Intelligence Agency» (CIA) griff daher zunächst unter anderem auf deutsche Informationen zurück. Der spätere erste Leiter des westdeutschen «Bundesnachrichtendienstes» (BND), Reinhard Gehlen, war einer der ersten, die ihr Wissen aus dem militärischen Geheimdienst den US-Stellen übergaben. Die Sowjets waren im Gegensatz dazu alte Hasen. Ihr Geheimdienst bestand damals bereits seit fast dreißig Jahren unter verschiedenen Namen und wurde schließlich 1954 zum «Komitee für Staatssicherheit» (KGB) umorganisiert.

Was überhaupt Verdeckte Operationen waren, ist nicht einfach zu definieren. In der offiziellen amerikanischen Auslegung von 1948 waren es schlicht alle Maßnahmen, die vom Präsidenten abgestritten werden konnten. Die wichtigsten waren sicherlich Spionage- und Gegenspionage, Umsturzversuche, Attentate, verdeckte Zuwendungen an Gruppen oder Personen sowie nichtoffizielle militärische Unterstützung. Völlig ungeklärt ist, wie viele Geheimoperationen während des Kalten Krieges überhaupt durchgeführt wurden. Auf amerikanischer Seite sollen es etwa 900 gewesen sein. Nachprüfbar werden solche Zahlen niemals sein.

Langfristig war die gesamte geheime «Ostarbeit» des Westens und die geheime «Westarbeit» des Ostens darauf ausgelegt, das gegnerische System zu schwächen und das eigene zu stärken. Spektakuläre Fälle von Spionage gab es daher zunächst vor allem in der Atomforschung. 1950 wurde in London der Atomwissenschaftler Klaus Fuchs verhaftet und später zu 14 Jahren Haft verurteilt. Er gab zu, Einzelheiten zum Atomwaffenbau an die Sowjets weitergegeben zu haben. Von ihm führte die Spur zu einem Spionagering, der während des Krieges Einzelheiten nach Moskau weitergegeben hatte. Die Mitglieder waren überzeugt, daß keine Seite allein im Besitz der neuen Waffe sein sollte. Julius Rosenberg wurde mit seiner an der Spionage wohl nicht beteiligten Frau 1953 in den USA hingerichtet. Andere Beteiligte flohen nach Osteuropa. Ob allerdings die weitergegebenen Informationen den entscheidenden Beitrag zum Bau der sowjetischen Atombombe lieferten, ist ungewiß. Wahrscheinlich bestimmte eher das Tempo der Urangewinnung den Abschluß der Versuchsreihen.

Für den Westen wurden die Wahlen in Italien 1948 die eigentliche Geburtsstunde der Verdeckten Operationen im Kalten Krieg. Präsident Truman unterschrieb im Dezember 1947 die zentrale Anweisung mit der etwa zehn Millionen Dollar für die Unterstützung der demokratischen Parteien gegen die Kommunisten in Italien freigegeben und speziell zur Unterstützung der Christdemokraten eingesetzt wurden. Der Erfolg konnte sich damals sehen lassen: Obwohl von sowjetischer Seite ebenfalls Millionen in den italienischen Wahlkampf eingebracht worden waren, errangen die Christdemokraten 307 von 574 Sitzen.

Ab 1949 initiierte der amerikanische Geheimdienst, zum Teil mit Beteiligung der Briten, auch direkte Umsturzversuche hinter dem Eisernen Vorhang. Das Muster blieb während des Kalten Krieges immer gleich. In der Regel wurden Emigranten aus den kommunistischen Staaten ausgebildet und für die Auslösung eines Umsturzes eingesetzt. Der erste wurde ab November 1948 für Albanien geplant. Der Vorschlag kam aus dem britischen Außenministerium. Albanische Emigranten sollten ins Land gebracht werden und einen Bürgerkrieg auslösen. Bis 1953 wurden immer wieder Agentengruppen ins Land gebracht, die jedoch ebenso regelmäßig verhaftet wurden. Angesichts der Erfolglosigkeit waren im Jahr zuvor bereits die Briten ausgestiegen. Schließlich gaben auch die Amerikaner auf. Die Gründe für das Scheitern wurden erst viele Jahre später bekannt. Zum einen waren die Einzelheiten von Kim Philby, einem britischen Agenten in sowjetischen Diensten, weitergegeben worden. Philby floh 1963 in die UdSSR und starb dort 1988.

Der zweite Grund für das Scheitern in Albanien war langfristig folgenreicher: Es gab kontinuierlich krasse Fehleinschätzungen der Chancen eines Umsturzes im Ostblock. Bei der gleichzeitig zu Albanien begonnenen und sehr ähnlichen Operation in Jugoslawien kamen haarsträubende Pannen hinzu. Unter anderem waren die abgesetzten «Revolutionsführer» in amerikanische Luftwaffenuniformen gekleidet worden, was zu ihrer sofortigen Verhaftung führte.

Weitere Umsturzversuche dieser Art oder zumindest Vorläufe dazu gab es ab 1951 in der Ukraine, in den Baltischen Staaten und im Kaukasus. In der Sowjetunion wurden Bemühungen, antikommunistische Zellen einzurichten, bis weit in die fünfziger Jahre hinein fortgesetzt. Auch hier gab man sie schließlich aufgrund kontinuierlicher Erfolglosigkeit auf. Nur in der Dritten Welt blieb man bei dieser Strategie. Die groß angelegte Invasion von Emigranten auf Kuba am 15. April 1961 scheiterte bekanntlich, nachdem die Amerikaner die zugesagte Luftunterstützung nicht leisteten.

In die gleiche Richtung – die kommunistischen Systeme von innen aufzuweichen und damit den Regierungswechsel vorzubereiten – zielte die Psychologische Kriegsführung hinter dem Eisernen Vorhang. Auch sie zählte teilweise zur Verdeckten Kriegsführung. Halbprivate US-Sender, wie «Radio Free Europe» (RFE) oder «Radio Liberation» (RL), später «Radio Liberty», waren im kommunistischen Machtbereich bekannte und vielgehörte Stationen. Für viele ostmitteleuropäische Staaten wurden Flugblattaktionen in teilweise gigantischem Ausmaß begonnen oder verstärkt, sobald sich Krisensymptome zeigten. Das amerikanische «National Committee for a Free Europe», das auch den Sender RFE betrieb, ließ zwischen April 1954 und März 1956 allein über der Tschechoslowakei 152 Millionen und über Ungarn 104 Millionen Flugblätter abwerfen, um damit die latente Unzufriedenheit in der Bevölkerung zu verstärken.

Viele andere, teils private und höchst militante Organisationen beteiligten sich an den Aktionen. Teilweise wurden sie gezielt rekrutiert. Manche wie die von den USA einige Jahre finanzierte Berliner «Kampfgruppe gegen Unmenschlichkeit» (KgU) führten auch selbst Anschläge in der DDR durch. Der russische «Völkische Arbeitsbund» (NTS) richtete sich aus dem Westen an die Rote Armee in den verschiedenen Staaten hinter dem Eisernen Vorhang. NTS-Mitarbeiter wurden zudem bis 1957 mit Fallschirmen über der UdSSR abgesetzt, um antikommunistische Zellen wiederzubeleben. In Westdeutschland rekrutierte der US-Geheimdienst für «Partisaneneinheiten» auch Angehörige des rechtsradikalen «Bundes Deutscher Jugend» (BDJ). Mit dem blutig niedergeschlagenen Aufstand 1956 in Ungarn und der heftigen Kritik an der US-Befreiungspolitik gingen solche Aktivitäten jedoch einstweilen in die Defensive.

Auch Attentate gehörten zum Repertoire beider Seiten im Kalten Krieg. Von amerikanischer Seite wurde unter anderem die Ermordung Castros, aber auch die des kongolesischen Politikers Patrice Lumumba geplant. Weitere Anschlagsziele waren Stalin, der chinesische Ministerpräsident und Außenminister Tschou En-lai sowie der indonesische Staatschef Achmed Sukarno.

In den achtziger Jahren wurden vor allem die verdeckte Unterstützung der polnischen Gewerkschaftsbewegung durch die USA und die geheimen Kontakte der Katholische Kirche nach Polen für die Destabilisierung im Ostblock wichtig. Angesichts der langlebigen Mythen des Kalten Krieges ist aber darauf hinzuweisen, daß die Aufstände im Ostblock 1953 und 1956 ebenso wie die Reformbewegungen etwa in der Tschechoslowakei oder Polen keineswegs durch die «Ostarbeit» des Westens verursacht wurden. Allerdings konnten Verdeckte Operationen Unruhen tatsächlich verstärken und in gewissem Umfang lenken. Gerade die Rundfunksendungen trugen während des Kalten Krieges dazu bei, daß sich westliche Ideen verbreiteten.

Über die «Westarbeit» des Ostens hat man mittlerweile sogar wesentlich mehr Kenntnisse, da die Öffnung der Archive der DDR-Staatssicherheit Einblicke ermöglicht hat, die ein Geheimdienst im Regelfall niemals zulassen würde. Aufgabe der östlichen Geheimdienste im Westen war selbstverständlich ebenfalls die «Aufklärung» und «Abwehr», wozu ein breites Spektrum von Tätigkeiten gehörte. Stärker als der Westen waren die Ostdienste aber mit Wirtschafts- und Technikspionage beschäftigt.

Zu den geheimsten Tätigkeiten gehörten auch hier die Vorbereitungen zum Umsturz und für den Kampf im Untergrund in Kriegs-, Spannungs- und Friedenszeiten sowie Morde an unerwünschten Personen. Seit 1948 bis zu Stalins Tod im März 1953 plante der sowjetische Geheimdienst unter anderem die Ermordung Titos. Unter Chruschtschow wurden vor allem die im Westen aktiven antisowjetischen Emigranten mit Attentaten verfolgt: unter anderem die NTS-Angehörigen Georgij Okolowitsch, Wladimir Poremski, Alexander Truschnowitsch oder Lew Rebet, aber auch Stepan Bandera von der Exilgruppe OUN (Organisation Ukrainischer Nationalisten). Truschnowitsch wurde 1954 in Westberlin entführt und starb wohl auf dem Weg in ein sowjetisches Lager. 1957 wurde Rebet beseitigt, 1959 Bandera. Bei den anderen Genannten schlugen die Attentate fehl. In den sechziger Jahren wurden solche Aktionen dann reduziert, aber niemals aufgegeben. Ein besonderes Indiz dafür, wie verhaßt die Emigrantenorganisationen waren, zeigt ein Beispiel aus dem Jahr 1958. Nach mehreren vergeblichen Versuchen wurde damals die NTS-Station, die unter anderem Propagandasendungen während des Aufstandes in Ungarn ausgestrahlt hatte, im westdeutschen Sprendlingen gesprengt.

Vorbereitungen für den Umsturz mit Hilfe bewaffneter Aufstände von «Freiheitskämpfern» wurden seit 1961 unter anderem in Mittelamerika eingeleitet. Vor allem die Sandinisten aus Nicaragua waren vorgesehen, um auch in den USA tätig zu werden. Seit Anfang der fünfziger Jahre wurden von der DDR Partisaneneinheiten für den Einsatz in der Bundesrepublik aufgestellt. Eine der größten Überraschungen nach der «Wende» 1989 wurde die Tatsache, daß selbst bundesdeutsche Terroristen Ausbildung und Unterschlupf hinter dem Eisernen Vorhang gefunden hatten.

Als großer Erfolg der östlichen Geheimdienste wurde in den fünfziger Jahren die Unterwanderung der Zentrale der amerikanischen «Military Intelligence Division» (MID) in Würzburg gefeiert. Es gelang 1956, eine komplette Agentendatei zu entwenden und zahlreiche Verhaftungen in der DDR vorzunehmen. Die Operation des ostdeutschen Ministeriums für Staatssicherheit (MfS) wurde der Stoff für den erfolgreichen DDR-Spielfilm *For Eyes Only*. Anfang der siebziger Jahre wurde als weiterer beispielhafter Erfolg die Ausspähung des westdeutschen Bundeskanzlers Willy Brandt durch den MfS-Agenten Günter Guillaume gefeiert.

III. Die Teilung der Welt 1948–1955

1. Die Erste Berlin-Krise und der Korea-Krieg

Im Rückblick erscheint manches auf dem Weg zu den zwei deutschen Staaten, der Teilung Europas und der Welt wie vorgezeichnet. Doch gibt es keinen Beleg, daß irgendeine Seite die Teilung von Anfang an planmäßig verfolgte. Deutlich erkennbar sind jedoch die einzelnen Stationen. Weltweit erwiesen sich vor allem zwei Krisen als die entscheidenden Beschleuniger der Blockbildung: Die Erste Berlin-Krise 1948/49 sowie der Krieg im geteilten Korea (1950–1953). Sowohl die sowjetische Blockade der Westzonen Berlins als auch der von der UdSSR mitgeplante Überfall Nordkoreas auf Südkorea waren Versuche, klare Fronten zu schaffen. Von den Westmächten wurden sie zwangsläufig als weitere Aggression Moskaus verstanden. In beiden Krisen rückten die Lager enger zusammen. Dies wurde insbesondere in den 1949 gegründeten beiden deutschen Staaten sichtbar. Die Vertragsabschlüsse zur Blockbildung zogen sich allerdings noch bis 1955 hin (s. Karte auf der vorderen Umschlaginnenseite).

Zur Vorgeschichte der Ersten Berlin-Krise gehört vor allem der Marshall-Plan, die US-Aufbauhilfe für Europa (ERP) 1947.

Er richtete sich an alle europäischen Staaten, namentlich auch an jene Ostmitteleuropas und an die UdSSR selbst – «alles westlich von Asien», wie US-Außenminister George Marshall in einer Pressekonferenz am 12. Juni 1947 noch einmal ausdrücklich betonte. Im Gegensatz zur Truman-Doktrin, die einen klaren politischen Schwerpunkt setzte, ging es Marshall allerdings ausdrücklich um die wirtschaftliche Hilfestellung. Die USA boten an, Rohstoffe und Waren zu liefern und das Kapital bereitzustellen. Trotzdem war klar, daß die Amerikaner mit einem solchen Angebot auch politische Forderungen verbanden. Namentlich George Kennan hat dies intern unterstrichen: die Programme seien keine «Blankoschecks». Die Sowjets nahmen das allerdings ohnehin nicht an. Sie lehnten am 2. Juli 1947 ab und untersagten es auch jenen Ländern in ihrem Machtbereich, die eigentlich die Hilfe annehmen wollten. Die Hilfe konzentrierte sich damit auf Westeuropa und die westlichen Zonen Deutschlands, die ökonomisch einen rasanten Aufschwung nahmen. Dies war allerdings nicht nur eine Folge des ERP, sondern auch anderer US-Hilfsprogramme. Die organisatorische Antwort der Sowjets auf die Gründung der dazugehörigen Koordinationsstelle OEEC (Organization for European Economic Cooperation) war 1949 die Gründung des «Rat für gegenseitige Wirtschaftshilfe» (RGW).

Eine Voraussetzung für den Erfolg des ERP und überhaupt des Wiederaufbaus waren klare ökonomische Verhältnisse. Insbesondere brauchte man eine Währungsreform, die in den Westzonen am 20. Juni 1948 begann. Für die Ostzone erfolgte sie drei Tage später. Die Einführung des Westgeldes in Westberlin war dann unmittelbar der Beginn der Blockade Berlins. Da die Behinderungen der freien Versorgung Berlins jedoch bereits Anfang 1948 begonnen hatten, liegt man nicht falsch, sie als Versuch zu betrachten, für die kommende Auseinandersetzung klare Fronten zu schaffen. Die Westmächte waren jedoch 1948/49 als auch in der zehn Jahre später folgenden Zweiten Berlin-Krise gewillt, ihre Rechte in Berlin – und damit auch die Existenz von Westberlin – zu verteidigen. In beiden Fällen wurde eine Aufgabe Berlins mit einer Niederlage im Kalten Krieg gleichgesetzt. Man versorgte 1948/49 die Stadt aus der Luft bis die Sowjets die Zufahrtswege wieder öffneten. Vom finanziellen Standpunkt war der «Berlin-Lift» ein grandioses Verlustgeschäft, politisch-psychologisch allerdings unbezahlbar. Der Westen hatte gezeigt, daß er bereit war, für die Freiheit einen Krieg zu riskieren, und Berlin damit zu einem politischen Symbol gemacht. Spätestens jetzt waren für alle die Fronten klar.

Dies bestätigte sich auch knapp ein Jahr nach dem Ende der Berlin-Blockade im ebenfalls seit 1945 geteilten Korea, in dem seit 1948 im Norden eine prosowjetische, im Süden eine prowestliche Regierung eingerichtet worden waren. Als am 25. Juni 1950 die nordkoreanische Armee Südkorea überfiel, wurde dies als direkte Parallele zu Deutschland interpretiert. Heute weiß man, daß die Sowjetunion an der Vorbereitung der Invasion beteiligt war. Der Westen reagierte schnell und eindeutig: Mit UNO-Mandat vom selben Tag griffen US-Soldaten ein, die allerdings zunächst vernichtend geschlagen wurden. Bis zum August 1950 überrannten die Nordkoreaner den Süden fast vollständig. Am 15. September 1950 starteten die UN-Truppen unter General MacArthur eine Invasion bei Inchon. Mit großem Materialeinsatz gelang es nicht nur, die Nordkoreaner zurückzuwerfen, sondern die Grenze zum Norden zu überschreiten und die gegnerische Hauptstadt Pjöngjang einzunehmen.

Über die Bedeutung der Überschreitung der Grenze am 38. Breitengrad ist viel gestritten worden. War dies gleichzeitig der Übergang von herkömmlicher Eindämmungs- zur Befreiungspolitik? Die Einschätzung, daß dahinter eher die *Liberation Policy* stand, wird nicht nur durch vorherige Äußerungen MacArthurs unterstrichen, sondern auch durch die Darlegung der US-Position in der UNO am Tag vor der Invasion Nordkoreas. Der amerikanische Botschafter Warren Austin betonte dort, die USA gingen davon aus, daß diese Grenze weder de jure noch de facto eine Existenzberechtigung habe.

Bis zum November 1950 rückten die US-Verbände bis zur chinesischen Grenze vor. Am 26. des Monats kam es dann zu jenem großangelegten Gegenangriff nordkoreanischer Truppen unter Beteiligung von 200000 «freiwilligen» Chinesen, der die

Amerikaner zu einem teilweise überstürzten Rückzug bis zum
38. Breitengrad zwang. In dieser Situation, in der es um die Fortsetzung des begonnenen «Befreiungskrieges» ging und in der
MacArthur unter anderem darauf drängte, China – auch ato-
mar – zu bombardieren, stoppte Truman die militärische Eska-
lation des Konflikts. Er unterstrich seine Entscheidung mit der
Absetzung MacArthurs am 11. April 1951. Danach rührte sich
militärisch nur noch wenig. Der Korea-Konflikt wurde zu einem
Stellungskrieg mit zum Teil hohen Verlusten. Im Juli 1951 begannen erste Friedenssondierungen, aber erst am 27. Juli 1953
schwiegen die Waffen.

2. Die Formierung der Blöcke

Bereits während der Berlin-Krise waren Verhandlungen über ein
westliches Verteidigungsbündnis begonnen worden. Am 4. April
1949 wurde die «North Atlantic Treaty Organization» (NATO)
geschaffen, in der zunächst elf westeuropäische Staaten und die
USA vereinbarten, daß ein Angriff auf einen der Unterzeichner
gleichbedeutend sei mit dem Krieg gegen alle. 1952 traten auch
die Türkei und Griechenland bei, 1955 die Bundesrepublik
Deutschland und 1982 Spanien.

In Westeuropa beschleunigte der Korea-Krieg vor allem
die politische Souveränität der Bundesrepublik und ihre weitere
Westintegration. Vor allem die Briten hatten seit 1948 über
einen deutschen Verteidigungsbeitrag nachgedacht, und namentlich Churchill mahnte noch vor dem Korea-Krieg zur Auf-
stellung von Einheiten. Bundeskanzler Adenauer verstand den
alliierten Wunsch nach einem Verteidigungsbeitrag als Möglichkeit zur schnellen Erreichung der staatlichen Souveränität.
Dafür setzte er sich über die erhebliche Kritik gegen eine
«Wiederaufrüstung» in der Bundesrepublik hinweg und bot
kurz nach dem Beginn des Korea-Krieges einen Wehrbeitrag an.
Im September 1950 wurde dafür eine Koordinationsstelle
(«Amt Blank») eingerichtet. Gleichzeitig begann der Aufbau
eines «Bundesgrenzschutzes». Verzögerungen gab es durch die
verständlichen Befürchtungen der Franzosen und den Versuch,

eine «Europaarmee» zu schaffen, in der die deutschen Truppen
eingebunden waren. Die «Europäische Verteidigungsgemein-
schaft» (EVG) scheiterte allerdings 1954 im französischen Parlament. Für die westdeutsche Souveränität war die Niederlage
ein Glücksfall. Bereits im Mai 1952 war mit dem Deutschland-
vertrag das Besatzungsstatut aufgehoben worden. Durch den
Umweg über eine neugegründete «Westeuropäische Union»
(WEU) 1954 wurde die Bundesrepublik 1955 mit französischer
Zustimmung in die NATO aufgenommen. Gleichzeitig erhielt
sie ihre fast vollständige Souveränität. 1956 wurde die Bundes-
wehr als westdeutscher Beitrag zur gemeinsamen Verteidigung
offiziell gegründet.

Die Blockbildung wurde 1955 auch in Osteuropa abgeschlossen. Hier war die Wirkung der Berlin-Krise und des Korea-
Konflikts kaum anders. Am 14. Mai 1955 wurde der Warschauer Vertrag unterzeichnet. Mit ihm verpflichteten sich die
der Kontrolle der UdSSR unterstehenden ostmitteleuropäischen
Staaten zu «Freundschaft, Zusammenarbeit und gegenseitigem
Beistand». In der DDR erfolgte der forcierte verdeckte Aufbau
nationaler Streitkräfte wesentlich früher als in der Bundesrepublik. Bereits 1950 umfaßte die paramilitärische «Kasernierte
Volkspolizei» (KVP) rund 60000 Mann. Ihre offiziell volle Souveränität, die in der Realität wesentlich eingeschränkter war als
die der Bundesrepublik, erhielt die DDR am 20. September
1955. Im Januar 1956 wurde die DDR zudem Mitglied des Warschauer Paktes und wandelte dafür ihre KVP in die «Nationale
Volksarmee» (NVA) um.

Auch in Asien beschleunigte der Korea-Krieg die Gründung
von Bündnissen. Die Parallelorganisationen zur NATO für Asien
entstanden 1951–1955 mit dem ANZUS-Pakt (Australien, Neuseeland, USA), der SEATO (Australien, Frankreich, Großbritannien, Neuseeland, Pakistan, die Philippinen, Thailand, USA/
Vertragszusatz: Südvietnam, Kambodscha und Laos) und dem
Bagdad-Pakt (Großbritannien, Pakistan, Iran, Irak, USA). Die
SEATO wurde 1977 offiziell aufgelöst, nachdem in den Jahren
zuvor Frankreich, Pakistan, Thailand und die Philippinen ausgetreten waren. Der Bagdad-Pakt wurde 1960 durch die «Cen-

tral Treaty Organization» (CENTO) ersetzt, nachdem 1959 der Irak ausgetreten war. Seine Grundlagen blieben jedoch die gleichen. Für den südostasiatischen Raum wurde ab 1967 der an sich nichtmilitärische ASEAN-Pakt wichtig. Der Vertrag, dem neben den südostasiatischen Staaten schließlich 1989 auch Südkorea beitrat, konnte sich seit der Invasion Vietnams in Kambodscha 1979 zu einem Sicherheitsbündnis entwickeln.

Vor allem aber profitierte auch in Asien der große Verlierer des Zweiten Weltkriegs durch die Forcierung des Kalten Krieges. Japan wurde bereits 1950 in den Status eines informellen, mit dem Friedensvertrag 1951 dann offiziellen amerikanischen Verbündeten versetzt. 1956 konnte Japan auch den Kriegszustand mit der UdSSR beenden. Das enorme Tempo der «Normalisierung» in Japan hatte allerdings auch dort gravierende Folgen. Eine Auseinandersetzung mit der Vergangenheit blieb in Japan über Jahrzehnte aus.

3. Die dritte Weltmacht: China

Der Konflikt in Korea war auch deshalb militärisch so unbefriedigend verlaufen, weil die US-Regierung den großen Konflikt vermeiden wollte – nicht zuletzt wegen China. Die Gründung der Volksrepublik China am 1. Oktober 1949 nach dem Sieg der kommunistischen Revolution Maos war in Washington nicht nur als Stärkung des «kommunistischen Blocks», sondern vor allem als «Verlust Chinas» wahrgenommen worden. Der Besuch des amerikanischen Präsidenten Nixon im Februar 1972 wurde entsprechend als neue «Öffnung Chinas» und diplomatischer Durchbruch verstanden.

Der Konflikt um China war in vieler Hinsicht eine typische Entwicklung des Kalten Krieges. Das Land war nach der japanischen Besetzung zwar verarmt und zerstört, ging aber fast ohne Atem zu holen 1945 wieder in den bereits in den dreißiger Jahren tobenden Bürgerkrieg zwischen den Kommunisten um Mao Tse-tung und Tschiang Kai-scheks antikommunistischer Kuomintang-Partei über. Strategisch befanden sich die Kommunisten im Vorteil, da sie während der japanischen Besetzung hinter der Front operiert hatten, während die Kuomintang-Truppen fast ganz in den Westen abgedrängt worden waren. Auch die Besetzung der Mandschurei durch die Sowjets 1945 begünstigte die Kommunisten. Die USA wiederum unterstützten Tschiang Kai-schek mit Waffen und Flugzeugen.

Faktisch waren die beiden großen Siegermächte auf diese Weise unversehens in den chinesischen Bürgerkrieg hineingezogen worden. Die Kuomintang-Truppen wichen nach ihrer Niederlage 1949 nach Taiwan (Formosa) aus, wo am 1. März 1950 eine Militärdiktatur (Republik China bzw. Nationalchina) unter Tschiang Kai-schek eingerichtet wurde. Nach dessen Tod 1975 und einem kurzen Interregnum wurde 1978 sein Sohn Tschiang Tsching-kuo Staatspräsident, der die traditionelle Linie fast bruchlos fortsetzte.

Auch hier blieb der ideologische Gegensatz über den Kalten Krieg hinaus erhalten. Sowohl China als auch Taiwan beharren bis heute auf einem Alleinvertretungsanspruch. Wie zwischen Nord- und Südkorea wurden kleinere militärische Zwischenfälle üblich. Eine Verbesserungen der Beziehungen wurde erst ab 1994 erkennbar, als China zum ersten Mal die Rechtsprechung Taiwans anerkannte.

Die amerikanische China-Politik konzentrierte sich seit dem Korea-Krieg zunächst auf Taiwan. Schnell wuchs die Insel mit amerikanischer Hilfe zu einer der führenden Industrienationen des Fernen Ostens. Gleichzeitig bauten die USA es zu einem antikommunistischen Frontstaat wie Westdeutschland, Südkorea und später Südvietnam aus. 1961 bezahlten die USA immerhin drei Viertel des taiwanesischen Nationalhaushaltes. Von hier aus sendeten antikommunistische «Befreiungssender» unter anderem nach China und Nordvietnam.

«Rot-China» hingegen wurde die diplomatische Anerkennung durch die USA und lange Zeit auch durch die anderen westlichen Industrienationen versagt. Bereits 1951 wurde ähnlich wie gegenüber der Sowjetunion die Embargopolitik ausgedehnt. Auslandsguthaben fror man ein. Die Folge war zunächst eine noch stärkere Anbindung Chinas an die Sowjetunion. Moskau wuchs mit fünfzig Prozent Anteil zum wichtigsten Außenhandelspartner. Umso dramatischer war der Bruch Chinas mit der UdSSR, der sich zunächst fast unbemerkt entwickelte. Am Ende des ersten chinesischen Fünfjahresplans 1956/57 zeichnete sich ab, daß das kanonisch übernommene Sowjetmodell für China nicht die erhofften schnellen Erfolge brachte. Als Mao gegen den Widerstand der «Leninisten» um Deng Xiao-ping, die das Land zunächst technisch modernisieren wollten, eine Art «Kriegskommunismus» durchsetzte, der vor allem auf vorindustrielle, kleinteilige «Arbeit von unten» baute, zerbrach darunter das Bündnis mit der Sowjetunion. Noch während des chinesischen «Großen Sprungs nach vorn» stellte die UdSSR 1960 alle Hilfsmaßnahmen abrupt ein. Der sowjetisch-chinesische Konflikt verschärfte sich dann zusehends. 1969 kam es zu einzelnen blutigen Scharmützeln zwischen sowjetischen und chinesischen Truppen, unter anderem an den Grenzflüssen Amur und Ussuri. Diese Streitigkeiten konnten erst 1994 beigelegt werden.

Trotz dieser Widrigkeiten stieg China bis 1964 in den Kreis der Atommächte auf und zündete 1967 seine erste Wasserstoffbombe – fast ein Jahr vor den Franzosen. Die Konflikte mit der Sowjetunion in Verbindung mit der Intervention des Warschauer Pakts in der ČSSR 1968 veranlaßten die chinesische Führung dann zur Annäherung an Washington. Die Breschnew-Doktrin, also die Vorstellung, daß kein sozialistisches Land von sich aus die politische Richtung ändern dürfe, war auch in Peking als unverhohlene Drohung angekommen. Für die USA wiederum eröffnete dies die Möglichkeit, Moskau im Kalten Krieg weiter zu isolieren. Nach Nixons China-Besuch 1972 wuchs das amerikanisch-chinesische Handelsvolumen stetig, wobei es sich, nicht zuletzt unter der Meistbegünstigungsklausel, in den Jahren 1987 bis 1990 fast verdoppelte.

Gefördert wurde dies nicht nur durch das bewußte Spielen der «chinesischen Karte» durch den enttäuschten Entspannungspolitiker Jimmy Carter seit 1979, sondern auch durch die Entscheidung Ronald Reagans im Mai 1983, das Ausfuhrverbot für Technologie im Fall China nicht mehr anzuwenden. Peking wurde damit zum Beispiel der Import von Computertechnologie gestattet, während die Sowjetunion und andere kommunistische Staaten davon ausgenommen blieben. China gelang es auf diese Weise auch, dem Haßgegner Taiwan eine schmerzhafte Niederlage zu bereiten. 1978 brach die US-Regierung die diplomatischen Beziehungen zum einstigen wichtigsten Verbündeten in der Region für zwei Jahre ab.

4. Die Blockfreien

Anders als China entwickelte sich die «Organisation der Blockfreien» (Nonaligned Movement, NAM) von Anfang an als Bewegung zwischen den Fronten der bipolaren Welt. Ziel sollte die Bewahrung der Eigenständigkeit und die politische Emanzipation sein. Gemeinsame Erfahrung der meisten Mitglieder war die koloniale Ausbeutung. In der Zugehörigkeit zu einem der beiden Blöcke sah man für die vor allem aus dem afro-asiatischen und lateinamerikanischen Raum stammenden Mitglieder keine Lösung.

Die Blockfreiheit war ab 1947 zunächst in asiatischen Staaten propagiert worden, die die Unabhängigkeit anstrebten oder gerade erreicht hatten. Auf fruchtbaren Boden fiel dies zunächst in Indien, welches unter Jawaharal Nehru in die Unabhängigkeit entlassen worden war. Nach der ersten gemeinsamen Konferenz von 23 Staaten im indonesischen Bandung 1955 wurde 1961 das erste offizielle Gipfeltreffen im jugoslawischen Belgrad durchgeführt. Tatsächlich war es neben Nehrus Indien und Nassers Ägypten vor allem das selbstbewußte Jugoslawien Titos, das der Blockfreien-Bewegung die politische Kraft und Richtung gab. Weitere Gipfelkonferenzen folgten in Kairo (1964), Lusaka (1970), Algier (1973), Colombo (1976), Havanna (1979), Neu-Delhi (1983) und Harare (1986). Das letzte gemeinsame Treffen im Kalten Krieg wurde 1989 wieder in Belgrad durchgeführt. Von ursprünglich 61 Mitgliedern im Jahr 1961 wuchs die Bewegung auf schließlich 102 Teilnehmer (s. Karte auf der hinteren Umschlaginnenseite). Zusätzlich wurden zwei Befreiungsorganisationen aufgenommen: Die südwestafrikanische SWAPO (South West African Peoples Organization) und die arabische PLO (Palestine Liberation Organization).

In Bandung waren 1955 zehn Grundanliegen formuliert worden: Sie beinhalteten unter anderem die Achtung der Menschenrechte und der Ziele der Vereinten Nationen, den Verzicht auf Interventionen und auf Einmischung in innere Angelegenheiten, die Anerkennung der Gleichwertigkeit aller Rassen, den Verzicht auf kriegerische Mittel sowie die «Unterlassung der Anwendung von Kollektivverteidigungsabkommen im Dienst der Interessen einer der Großmächte». 1961 wurden zudem die Dekolonisierung und Steigerung des Wohlstandes in der Dritten Welt sowie der Verzicht auf die Teilnahme am Wettrüsten als Ziele hinzugefügt. Seit den siebziger Jahren standen vermehrt auch die wirtschaftspolitischen Folgen des Kalten Krieges auf der Agenda, da der Rüstungswettlauf der Supermächte nicht zuletzt Einfluß auf den Umfang der Entwicklungshilfe nahm. Bereits 1964 war eine wirtschaftspolitische Interessenvertretung gegründet worden, die «Gruppe 77». 1973 und 1976 war zudem die Forderung nach der Neugestaltung der internationalen Wirtschaftsordnung in das Programm aufgenommen worden, nachdem die Ölkrise die Macht einzelner Staaten der Dritten Welt eindrücklich demonstriert hatte. Politisch erwies sich dies jedoch fast als folgenlos.

Tatsächlich war die politische Wirkung der Blockfreien-Bewegung im Kalten Krieg fast durchgängig schwach. Im günstigsten Fall wird ihr zugestanden, den Blick für die Länder der Dritten Welt und den Nord-Süd-Konflikt geschärft zu haben. Der Versuch, die Industriestaaten zu wirtschaftlichen Zugeständnissen zu zwingen, scheiterte ebenso wie der Vorstoß, den Ölpreis wirksam als Waffe einzusetzen. Die Supermächte standen der Blockfreiheit ohnehin eher skeptisch gegenüber. Dies zeigte Moskaus Verhalten gegenüber Jugoslawien ebenso wie die Politik Washingtons gegenüber den neuen afrikanischen Staaten. Blockfreiheit und wirtschaftlicher Pragmatismus wurden in den Machtzentren des Kalten Krieges als politische Unentschiedenheit wahrgenommen.

Das Bekenntnis zum Verzicht auf kriegerische Mittel erwies sich darüber hinaus vor allem dann als Makulatur, wenn Mitglieder der Blockfreien-Bewegung teilweise über Jahrzehnte militärische Konflikte austrugen (Pakistan und Indien, Somalia und Äthiopien, Vietnam und Kambodscha, Uganda und Tansania). Speziell im Fall Pakistans und Indiens – beide schließlich im Besitz von Atomwaffen – erwies sich die Organisation als unfähig, den seit 1947 andauernden Konflikt um die Provinz Kaschmir zu beenden, in dessen Verlauf zudem beide Staaten zu den größten Waffenimporteuren der Welt heranwuchsen. Dabei näherte sich Pakistan nach dem indisch-chinesischen Grenzkrieg 1962 Peking an, während Indien nach erfolglosen Bemühungen um amerikanische Waffenhilfe stärker an die UdSSR rückte. Am Kaschmir-Konflikt kann man allerdings auch belegen, wie hilfreich das Engagement der Supermächte sein konnte: Der pakistanisch-indische Krieg 1965 wurde regelrecht ausgetrocknet, als die USA ein allgemeines Waffenembargo aussprachen, die UdSSR vermittelte und China sich zurückhielt.

Die internen Kontroversen der NAM-Staaten wurden im Jahr der sowjetischen Afghanistan-Invasion 1979 besonders sichtbar. Der größte Mitgliedsstaat, Indien, verweigerte die von den USA gewünschte Verurteilung der UdSSR in der UNO. Ein sowjetisch orientiertes Afghanistan paßte besser in die indische Außenpolitik, weil es dann gleichzeitig feindlich gegenüber Pakistan, das sich gerade dem Westen zuneigte, eingestellt sein würde. Grundsätzlich zeigte sich am Beginn der neuen Eiszeit des Kalten Krieges seit 1979 aber auch eine gewisse Konsequenz des Blockfreien-Bündnisses. Kuba – offiziell ebenfalls blockfrei – konnte sich auf der Konferenz in Havanna 1979 nicht mit dem Vorschlag durchsetzen, die Sowjetunion als Verbündeten der Blockfreien-Bewegung offiziell anzuerkennen. Es gelang vor allem Jugoslawien, den Vorstoß Fidel Castros scheitern zu lassen. Dies hatte schon Tradition: Schon auf der ersten Konferenz im September 1961 in Belgrad hatte man sich weitgehend aus dem Konflikt um den Mauerbau in Deutschland herausgehalten. Das Hauptargument war: Die blockgebundenen Staaten interessieren sich kaum für uns, also interessieren wir uns auch nicht für ihre Probleme.

IV. Eskalation und Stillegung des Kalten Krieges in Europa 1953–1961

1. Aufstände hinter dem Eisernen Vorhang 1953–1956

Zwischen 1953 und 1956 gab es insgesamt vier Aufstände in vier Staaten des Ostblocks, die alle eines gemeinsam hatten: Sie waren der Versuch, mehr nationale Unabhängigkeit gegenüber der UdSSR zu erreichen: im Juni 1953 zunächst in der Tschechoslowakei und der DDR; im Juni und Oktober/November 1956 in Polen und Ungarn. Von der Sowjetunion wurden alle als Infragestellung des Führungsanspruches interpretiert.

Alle Aufstände hatten eine ähnliche Vorgeschichte. Im Fall der Tschechoslowakei und der DDR war die Zeit unmittelbar vor den Unruhen durch die verschärfte Sowjetisierung geprägt, obwohl die Tschechoslowakei politisch und wirtschaftlich ganz andere Voraussetzungen mitbrachte als Ostdeutschland. Die massive Wirtschaftskrise, in die die Tschechoslowakei ab Anfang der fünfziger Jahre immer deutlicher geriet, war trotz aller kriegsbedingten Folgelasten hausgemacht. Der verschärfte Ausbau der Industrie und immense Rüstungsausgaben ließen das Haushaltsdefizit explodieren. Die Bevölkerung wiederum verlegte sich, wie immer in Krisenzeiten, auf das Sparen. Entsprechend hoch waren die Privatguthaben. Als Lösung wurde von der tschechoslowakischen Führung schon 1952 eine umfassende Währungsreform vorgesehen, die man 1953 in Angriff nahm. Sie war ein staatlich sanktionierter Raub, in dem die Guthaben durch die neue Krone ersetzt wurden: bis zu 300 Kronen Bargeld im Verhältnis 5:1, darüber hinausgehende Beträge im Verhältnis 50:1. Gleichzeitig wurden alle langfristigen Anlagen abgewertet.

Die Folgen waren absehbar. Die Proteste gegen die Währungsreform entluden sich in spontanen Streiks, schließlich aber auch in umfangreichen Demonstrationen mit politischen Forderungen. Die Staatssicherheit nahm Hunderte von Personen fest. Tote allerdings gab es beim «Pilsener Aufstand» nicht.

Dies änderte sich zwei Wochen später. Auch in der DDR hatte ein Versuch der innenpolitischen Konsolidierung im Vorfeld des Aufstands stattgefunden. Die DDR befand sich seit Jahren in einer akuten Versorgungskrise, wobei auch hier vor allem die Konsumgüterindustrie weit hinter den tatsächlichen Bedürfnissen der Bevölkerung zurückgeblieben war. Vor allem im Verhältnis zum «Magneten» Bundesrepublik erschien den DDR-Bürgern, wie zahlreiche Berichte der SED und des MfS immer wieder deutlich machten, ihr eigener Lebensstandard eher als erbärmlich. Dies war neben dem politischen Druck die wesentliche Ursache für die massiv wachsende Fluchtbewegung in den Westen. Als Beschleunigungsfaktor der ohnehin vorhandenen Unzufriedenheit in der Bevölkerung hatte sich auch hier der verschärfte Sowjetisierungskurs ausgewirkt, der offiziell durch die Beschlüsse der 2. Parteikonferenz der SED am 12. Juli 1952 in Gang gesetzt wurde. Der «Aufbau des Sozialismus», den man hier zur «grundlegenden Aufgabe» erklärte, zeigte sich schnell als gleichbedeutend mit einer rücksichtslosen Forcierung der Energie- und Metallindustrie, insbesondere des Schwermaschinenbaus. Verbunden damit war die als technisch notwendig deklarierte Erhöhung der Arbeitsnormen. Schon im Mai 1953 hatten sogar die Stalin-Nachfolger in Moskau die übermäßige Härte in der DDR kritisiert und Veränderungen angemahnt. Die SED reagierte am 9. Juni mit einem Kommuniqué, in dem einzelne Fehler eingeräumt wurden. Zwar wurden in einem «Neuen Kurs» Korrekturen angekündigt, nirgends aber wurden der «Aufbau des Sozialismus» oder die Normerhöhungen zurückgenommen. Es ist mittlerweile in mehreren Untersuchungen gezeigt worden, daß schon unmittelbar nach der Veröffentlichung des Kommuniqués am 11. Juni in der DDR eine Reihe von «Befreiungsfeiern» stattfanden, in denen «auf das Wohl von Adenauer» angestoßen wurde. Es war eindeutig: Man hielt vielerorts die DDR bereits für abgewirtschaftet. Vor allem in jenen Gebieten, wo besonderer Druck etwa zum Eintritt in die Landwirtschaftlichen Produktionsgenossenschaften ausgeübt worden war, hoffte man auf das Ende des «Experiments DDR».

In Berlin waren Streiks für den 15. Juni, einen Montag, vorbereitet worden. Wie in der Tschechoslowakei führte das arbeitsfreie Wochenende, das Zeit für Diskussionen gab, zu einer Radikalisierung der Stimmung. Der eigentliche Aufstand begann dann bekanntermaßen auf den Baustellen der Stalin-Allee am 16. Juni. Am Tag zuvor war die von den Bauarbeitern dem Ministerpräsidenten übergebene Resolution gegen die Arbeitsnormen erfolglos geblieben. Dem Zug quer durch die Innenstadt schlossen sich Tausende von Passanten an. Allein in Ostberlin sollen 100 000, in Halle 60 000 und in Leipzig 40 000 Demonstranten auf der Straße gewesen sein. Gleichzeitig fanden in fast 400 weiteren Städten kleinere Kundgebungen statt. Inhaltlich erweiterten sich die Anliegen. Zu den zunächst überwiegend ökonomischen Forderungen kamen nun umfassende politische: Demokratie, Freiheit, die Einheit Deutschlands.

Am 17. Juni um 13.00 Uhr verhängten die Sowjets dann den Ausnahmezustand und setzten Panzer ein. Mindestens 51 Menschen kamen beim Aufstand ums Leben, viele von ihnen waren Jugendliche oder junge Erwachsene. Aber es gab auch Hinrichtungen von Rotarmisten, die sich angeblich oder tatsächlich mit den Aufständischen solidarisch erklärt hatten oder sich zumindest weigerten, auf die Demonstranten zu schießen.

Die Rolle des Westens während der Aufstände blieb zwiespältig. Selbstverständlich hatten amerikanische und andere westliche Radiostationen und Flugblätter die Stimmung geschürt. Entsprechend hoch waren die Erwartungen an den Westen. Die Aufständischen sowohl in der ČSR als auch in der DDR hofften auf den Westen und insbesondere auf die USA, und sie erwarteten auf irgendeine Weise direkte Hilfe. Außer guten Worten kam jedoch wenig. Der große Konflikt sollte auch hier vermieden werden. Aktiver waren die vielen privaten Befreiungsorganisationen, selbst die gemäßigten wie das Ostbüro der

SPD. Seine Angehörigen druckten noch während des Aufstandes Flugblätter nach, die an die Demonstranten verteilt wurden. In Dresden forderten sie beispielsweise den Rücktritt der DDR-Regierung. Zum Teil waren Mitarbeiter des SPD-Ostbüros auch als Streikführer aufgetreten.

Erst nach dem Aufstand kam es zur großangelegten westlichen Hilfe. Sie hatte auch wie zuvor in Jugoslawien und später in Polen Belohnungscharakter. Am 10. Juli entschied Präsident Eisenhower offiziell, daß die USA Lebensmittel für die DDR liefern würden. Sie sollten von DDR-Bürgern aus Westberlin abgeholt werden. Bis Mitte Oktober wurden tatsächlich rund 5,5 Millionen Pakete verteilt, für die die Ostdeutschen aus entlegenen Gebieten nach Westberlin reisten.

Fast genau drei Jahre später fand der Aufstand in Polen statt, der wiederum zum direkten Vorbild für die ungarische Revolution ab Oktober 1956 wurde. War im Juni 1953 der Tod Stalins eine wichtige Zäsur gewesen, die die Aufständischen beflügelte, war es nun die Abrechnung Chruschtschows mit seinem Vorgänger auf dem XX. Parteitag der KPdSU im Februar 1956. Das folgende politische «Tauwetter» war eine wichtige Voraussetzung für den polnischen, dann aber auch für den ungarischen Aufstand. Als Progagandamaterial war Chruschtschows Abrechnungsrede für den Westen Gold wert. Der Text wurde mittels Flugblättern und Radiosendungen im gesamten Ostblock bekannt gemacht.

In Polen begannen die Unruhen am 22. Juni 1956 wiederum als klassische Arbeiterdemonstration mit vielen Übereinstimmungen zur Situation in der Tschechoslowakei und der DDR drei Jahre zuvor. Die DDR befürchtete daher von Anfang an ein Übergreifen des Aufruhrs. Im Zentrum der Unruhen, im westpolnischen Posen, gab es zwar besondere wirtschaftliche und politische Bedingungen. Grundsätzlich jedoch entsprach die dortige Stimmung der politischen Atmosphäre im übrigen Land. Die Kollektivierung und Förderung der Industrialisierung hatten mehr wirtschaftliche Probleme als Lösungen erzeugt, die Preise für Konsumgüter waren wesentlich schneller als die Löhne gestiegen. Neu war, daß bereits seit 1954 die polnische

Presse die Entwicklung mit scharfer Kritik verfolgte und die Bevölkerung relativ umfassend über Fehlentwicklungen informiert war. Auch Normerhöhungen spielten wieder eine Rolle.

Auch hier wollte man zunächst verhandeln. Nachdem die Gespräche mit der Regierung Cyrankiewicz in Warschau bis zum 27. Juni gescheitert waren, standen am folgenden Tag rund 100 000 Menschen auf den Straßen von Posen, wo sich die Demonstration wiederum schnell radikalisierte. Nach dem Absingen religiöser und nationaler Lieder wurde das Stadtgefängnis gestürmt. Die Schüsse der Polizei und Armee waren mit eigenen Waffen beantwortet worden. Von diesem Punkt an war die Arbeiterdemonstration auch hier zu einem bewaffneten Volksaufstand geworden. Die offizielle Bilanz entsprach auffallend genau der des 17. Juni. 53 Personen wurden getötet, etwa 200 verletzt. Trotz der Toten konnten die Reformer zunächst einen Sieg für sich verbuchen. Für die Kollektivierung bedeutete das Jahr 1956 in Polen tatsächlich das Ende. In den Betrieben gingen die Pläne sichtbar in Richtung einer unabhängigen Arbeiterselbstverwaltung. Bis September 1957 hatten sechzig Prozent der Betriebe außerhalb der Landwirtschaft einen eigenen Arbeiterrat. Ein weiterer positiver Effekt war die Wiedergutmachung gegenüber der Katholischen Kirche, die auch hier auf Druck der Bevölkerung eingeleitet wurde. Selbst inhaftierte Geistliche konnten entlassen werden. Seit Mitte Dezember 1956 wurde an den polnischen Schulen sogar wieder Religionsunterricht erteilt, gleichzeitig wurden auch wieder Seelsorger, etwa in Haftanstalten, zugelassen.

Die fortschreitende Liberalisierung fand allerdings mit der Wahl des ursprünglich als Hoffnungsträger geltenden Nationalkommunisten Władysław Gomułka zum Ersten Parteisekretär ihr Ende. Die Regierung wurde 1957 wieder deutlich straffer geführt. Unter anderem war die Kulturpolitik wieder stärker reglementiert, und auch die Arbeiterräte wurden bis 1958 wieder unter staatliche Kontrolle gebracht. Dies hatte langfristige Wirkungen. Für die polnischen Reformer in den achtziger Jahren war diese gescheiterte Liberalisierung ein warnendes Beispiel, das sich nicht wiederholen sollte.

2. Die Doppelkrise Ungarn – Suez 1956

Ungarn blickte traditionell nach Polen. Auch hier hatte sich aus der schwelenden Unzufriedenheit ein blutiger Volksaufstand entwickelt. In der Geschichte des Kalten Krieges kommt ihm eine besondere Bedeutung zu: Zum einen wurde er zur entscheidenden Nagelprobe für die westlichen Hilfeversprechen bei der Befreiung vom Kommunismus. Zum anderen entwickelte sich zur selben Zeit an einer ganz anderen Stelle, in Ägypten, ein gefährlicher Konflikt, so daß zwei begrenzte Spannungsherde am Ende des Jahres 1956 zu einer «Doppelkrise» des Kalten Krieges zusammenwuchsen. In deren Verlauf war der große Krieg mit Einsatz von Atomwaffen nicht mehr weit entfernt.

Auch in Ungarn waren die Kommunisten in der Bevölkerung verhaßt geblieben. Der Mitte Oktober 1956 vorgelegte Forderungskatalog zeigte, was man wollte: Ernennung des Reformers Imre Nagy zum Ministerpräsidenten, Überprüfung der Arbeits- und Ablieferungsnormen, Mehrparteiensystem, freie Wahlen, bürgerliche Freiheiten, nationale Unabhängigkeit der Wirtschaft, Wiedereinführung der ungarischen Nationalsymbole und -feiertage.

Neu freigegebene Dokumente über die Entscheidungsfindung in Moskau zeigen, daß der ungarische Ministerpräsident Ernö Gerö am Abend des 23. Oktober den sowjetischen Militärattaché um Truppenunterstützung bat. Dies war aus formalen Gründen zunächst abgelehnt, dann aber von Chruschtschow in einer telefonischen Diskussion mit Gerö zugesagt worden. Den Hintergrund für diese Entscheidung bildeten bereits die Probleme im Nahen Osten. Während es bis zum 29. Oktober zunächst so aussah, als würden die Sowjets eher bemüht sein, neben den militärischen auch die politischen Mittel auszuschöpfen, änderte sich diese Linie mit dem Beginn des Suez-Konflikts vollkommen. Moskau hatte seit 1955 sein Engagement in Ägypten erhöht und militärisch verstärkt. Als Israel am 29. Oktober, wenig später auch französische und britische Truppen den Nilstaat angriffen und die Gefahr bestand, im Nahen Osten die Position zu verlieren, wurde in Ungarn auf Chruschtschows ausdrückliche Veranlassung hin die harte Hand gezeigt. Eine nicht zu unterschätzende Rolle spielte dabei auch die sowjetische Version der «Dominotheorie». Man befürchtete 1956, wie 1968 auch im Fall der ČSSR, andere Länder könnten dem Beispiel folgen. In der DDR wurden während des Ungarischen Aufstandes deshalb Einheiten unter sowjetischer Aufsicht sogar entwaffnet.

Ab dem 4. November 1956 schlug die Rote Armee den ungarischen Aufstand erbarmungslos nieder. Die Kämpfe dauerten bis zum 11. November. Die ungarische Seite meldete nach der Niederschlagung 300 Tote und rund 1000 Verwundete. Die Sowjets sprachen von 669 Toten und 1540 Verwundeten. Auch in Ungarn war, wie in der DDR 1953, mit der Niederwerfung nicht das Ende des Widerstandes erreicht. Auch hier kam es im Anschluß an die Revolution noch monatelang zu Streiks.

Was der Westen mit dem Aufstand zu tun hatte, ließ sich nur stückweise ermitteln. Offiziell blieb er untätig. Allerdings sendeten Rundfunkstationen Durchhalteparolen, und tatsächlich nahm wohl eine Emigranteneinheit mit dem Codenamen «Red Sox/Red Caps» am Aufstand teil. Nach der Niederschlagung begann ein Massenexodus von etwa 200 000 Ungarn in den Westen.

Am Suezkanal hingegen wurde der zeitlich parallele Konflikt bis zum 8. November 1956 von den USA und der UdSSR gemeinsam entschärft. Die Auseinandersetzung war in großen Teilen eine Fortsetzung der seit der Gründung des Staates Israel 1948 schwelenden israelisch-arabischen Kontroverse gewesen, die sich als Sonderkonflikt durch den gesamten Kalten Krieg zog. Einen Tag nach der Unabhängigkeitserklärung Israels am 14. Mai 1948 waren fünf arabische Staaten bis nach Jerusalem und Tel Aviv vorgerückt. Zwar war 1949 ein Waffenstillstand geschlossen worden, die Grenzen Israels wurden von den in der «Arabischen Liga» zusammengeschlossenen Staaten aber niemals anerkannt. Der Kriegszustand blieb erhalten, und beide Seiten fürchteten kontinuierlich einen Angriff.

Mit dem eigentlichen Kalten Krieg war der Suez-Konflikt durch das Engagement der Supermächte in der Region verbunden. Für den Bau des Assuan-Staudamms war Ägypten zunächst amerikanisch-französische und britische Hilfe zugesagt worden. Sie wurde eingestellt, als der ägyptische Präsident Gamal Abd el Nasser sich 1955 dem gegen die Sowjetunion gerichteten Bagdad-Pakt nicht anschließen wollte und statt dessen im April an der Blockfreien-Konferenz von Bandung teilnahm. Noch im selben Jahr bezog Ägypten Waffenhilfe aus dem Ostblock, die ihm die USA verweigerten, gleichzeitig aber an Israel lieferten. Tatsächlich griff die israelische Armee Ende 1955 ägyptische Stellungen an, um palästinensischen Aktionen ein Ende zu setzen.

Im Juli 1956 verstaatlichte Nasser den Suezkanal, nachdem die Briten und Franzosen abgezogen waren, und lehnte eine Internationalisierung kategorisch ab. Drei ergebnislose Konferenzen gingen dem am 29. Oktober 1956 beginnenden israelischen Angriff auf den Gazastreifen sowie der zwei Tage später folgenden britisch-französischen Intervention voraus. Der Zeitpunkt erschien günstig, da die Sowjets in Ungarn gebunden schienen. Die Supermächte USA und UdSSR waren allerdings nicht gewillt, den Konflikt zuzulassen. Chruschtschow drohte sogar mit dem Atomkrieg, und auch die USA übten erheblichen Druck auf die beteiligten Staaten aus. Israel zog sich auf die Positionen des Waffenstillstands von 1949 zurück, das umkämpfte Gebiet wurde durch UN-Friedenstruppen besetzt. Eine Lösung war das nicht, und die Region wurde nun sogar noch deutlicher ein Schauplatz des Kalten Krieges. Die USA fürchteten einen verstärkten Einfluß der UdSSR. Die Eisenhower-Doktrin von 1957, die beinhaltete, daß die Vereinigten Staaten auch vor einer Intervention nicht zurückschrecken würden, wenn ihre lebenswichtigen Interessen in diesem Raum bedroht seien, war eine klare Warnung an Moskau.

Tatsächlich blieb der Konflikt im Nahen und Mittleren Osten Sprengstoff im Kalten Krieg. Weil er jedoch ein Nebenkriegsschauplatz war, zeigten sich beide Supermächte auch in den folgenden Jahrzehnten gewillt, ihn keinesfalls zum Ausgangspunkt eines großen Konflikts werden zu lassen.

3. Die Zäsur: Die Zweite Berlin-Krise und der Mauerbau 1958–1961

Während sich Osteuropa und der arabische Raum in der Wahrnehmung der Öffentlichkeit als zeitweilige Schauplätze des Kalten Krieges in den Vordergrund schoben, verlagerte Chruschtschow 1958 den Konflikt gezielt wieder nach Berlin. Im November 1958 stellte Moskau erneut die westalliierten Rechte in Berlin in Frage. Die sogenannte Zweite Berlin-Krise, in der wiederum die Einbeziehung Westberlins in die DDR erzwungen werden sollte, endete am 13. August 1961 mit dem Bau einer Mauer um Westberlin mit dem das «Schlupfloch» in den Westen geschlossen werden sollte. Der Mauerbau war gleichzeitig der Beginn einer deutlichen Verlagerung des Kalten Krieges in die Dritte Welt, und er bedeutete für Europa den langfristigen Eintritt in eine Phase der Entspannungspolitik. Sie reichte mit Einschränkungen bis zum Ende der siebziger Jahre und mündete dort wieder in einer Verschärfung des Kalten Krieges.

Der Mauerbau war in erster Linie eine Folge der Fluchtbewegung aus der DDR. Der ostdeutsche Regierungschef Walter Ulbricht war mit seiner Forderung, mit einer Mauer das «Schlupfloch Westberlin» zu schließen, auf taube Ohren gestoßen. Zu gravierend erschienen den Sowjets die psychologischen Konsequenzen. Erst das sichtbare Ausbluten der DDR führte zur Zustimmung. Aus Chruschtschows Memoiren ist ersichtlich, daß für ihn die Alternative nur darin bestand, entweder die DDR aufzugeben oder Westberlin in die DDR einzubeziehen oder aber eine Mauer zu bauen. Aufgegeben werden sollte die DDR nicht, eine «saubere» Zwei-Staaten-Lösung war ohne Krieg nicht zu erreichen, also blieb nur der Mauerbau.

Die Westmächte, insbesondere die USA, hatten seit 1948 immer wieder klargemacht, daß keinesfalls die Vertragsrechte in Berlin aufgegeben werden sollten. Auch Eisenhower und Kennedy zeigten sich unnachgiebig. Die sogenannten *Three Essentials* («Drei Grundsätze») – Freiheitsgarantie für die Bewohner Westberlins, westliche Truppenpräsenz, gesicherter Zugang –, die Kennedy kurz vor dem Mauerbau am 25. Juli 1961 in einer

Rundfunkansprache in den USA verkündete, machten schließlich die Entschlossenheit deutlich, den Sowjets Paroli zu bieten. Faktisch lief die US-Position aber nur auf die Bewahrung des *Status quo* hinaus.

Die Bundesrepublik war nicht der einzige westliche Staat, der das mangelnde Engagement des Westens beim Mauerbau harsch kritisierte. Das wichtigste Motiv für das auffällige Abwarten der US-Regierung im Sommer 1961 lag in dem erwähnten Perspektivenwechsel, der sich seit längerem angekündigt hatte. Kennedy betrachtete die Dritte Welt als Schwerpunkt seiner Außenpolitik. Sein Brief an den enttäuschten Regierenden Bürgermeister von Berlin, Willy Brandt, im August 1961 machte deutlich, daß aus amerikanischer Sicht in Europa nur die Möglichkeit bestehe, den *Status quo* und damit auch die Existenz zweier deutscher Staaten zu akzeptieren. Nach US-Auffassung, die dann auch in Kennedys berühmter «Strategie des Friedens» verankert wurde, blieb für die Deutschen nur der Weg, über Verhandlungen zu einer Annäherung und möglicherweise zu einer Wiedervereinigung zu kommen.

Der Anstoß zur Entspannungspolitik, die unter der Ägide des Bundeskanzlers Brandt Anfang der siebziger Jahre eine deutliche Annäherung beider deutscher Staaten brachte, ging somit von den USA in der Mauerkrise aus. Erst als sie in eine Sackgasse geriet, wurden seit dem Beginn der achtziger Jahre wieder die traditionellen Offensivkonzepte der fünfziger Jahre neu belebt.

V. Mentalitäten im Kalten Krieg 1947–1991

1. Sicherheit durch nukleare Abschreckung

Das «Veto der Bombe» war wohl, wie es bereits eine Karikatur der satirischen Zeitschrift *Simplicissimus* 1956 auf den Punkt brachte, der eigentliche Garant für die Verhinderung des großen militärischen Konflikts im Kalten Krieg. Nur eine Minderheit von Radikalen wollte tatsächlich den nuklearen Waffengang, obwohl über die Vor- und Nachteile eines Präventivkriegs viel geschrieben wurde. «Mutual Assured Destruction» (MAD) hieß übersetzt, daß beide Seiten zumindest einmal, schließlich aber auch mehrfach, in der Lage waren, den Gegner komplett zu vernichten. Das war unabhängig von den gerade gültigen militärischen Doktrinen.

Der Kalte Krieg entwickelte damit eine bisher unbekannte Art der Sicherheitspolitik, die letztendlich darauf beruhte, daß kein «Großer Atomkrieg» (Central Nuclear War, CNW) zwischen den USA und der UdSSR gewinnbar sein konnte. Das mehrfache gegenseitige Zerstörungspotential, das Ende der sechziger Jahre erreicht wurde, war das Ergebnis eines Anfang der fünfziger Jahre einsetzenden massiven nuklearen Rüstungswettlaufs. Die USA waren die erste Atommacht gewesen und hatten nur vier Jahre später ihr Monopol verloren. Das Problem des umfassenden Einsatzes von nuklearen Waffen blieben allerdings lange Zeit die Trägersysteme. Die ersten Sprengsätze waren noch mit herkömmlichen Bombern transportiert worden. Aber bereits die erste amerikanische Wasserstoffbombe, die am 1. November 1952 auf einem Südseeatoll explodierte, war schon allein aufgrund der Kühleinrichtungen zu groß für Flugzeuge. Die Sowjets setzten wenig später eine Lithium-Kühlung ein, was die Bombe wieder wesentlich verkleinerte. Die nächste Generation der amerikanischen H-Bomben auf Lithium-Basis paßte deshalb wieder in herkömmliche Boeing-Flugzeuge vom Typ B-47.

Alles dies zeigte, daß ein Rüstungswettlauf im Gange war, der sich von selbst fortsetzte und keines äußeren Anstoßes mehr bedurfte. Bereits 1954 wurden allerdings erste Entspannungssignale in Eisenhowers «Atoms for Peace»-Rede sichtbar. Der sowjetische Staatschef Chruschtschow sprach 1956 von «Friedlicher Koexistenz». Die Entspannungssignale wie auch die wirklichen Initiativen waren jedoch erstaunlich folgenlos im Rüstungswettlauf. Dies wurde 1957 deutlich, als es den Sowjets gelang, einen kleinen Satelliten mit dem Namen «Sputnik» in den Weltraum zu befördern. Kurze Zeit später wurde mit einem zweiten das erste Lebewesen ins All geschossen: die Hündin Laika. Auf die Waffentechnik übertragen bedeutete das, daß die Sowjets in ihrer Raketentechnik so weit waren, auch Bomben über weite Strecken zu tragen.

Der «Sputnik-Schock» im Westen sorgte für eine neue Runde in der Waffentechnik. Er war zugleich der Ausgangspunkt einer westlichen Bildungsinitiative, die in den USA schon 1958 («National Defense Education Act») einsetzte und zur Neugründung von Universitäten sowie zur verstärkten Rekrutierung der technologisch-wissenschaftlichen Intelligenz führte.

Das Wort von der amerikanischen «Raketenlücke» bestimmte nicht nur die letzten Jahre der Eisenhower-Amtszeit, sondern vor allem den Wahlkampf zwischen Nixon und Kennedy 1960. Daß es eine solche Unterlegenheit eigentlich nicht gab, spielte keine Rolle. Statt dessen entdeckte man jetzt den Weltraum als neues Schlachtfeld des Kalten Krieges. Über die Hälfte des enorm erhöhten Verteidigungshaushaltes in den USA floß nun in die Ausrüstung der Luftwaffe, der auch die Raketen unterstanden. Dies änderte sich bis zum Ende des Kalten Krieges nicht.

Wernher von Braun, der 1945 in die USA gebrachte deutsche Raketenpionier und technische Gegenspieler des sowjetischen Staringenieurs und Sputnik-Erfinders Sergej Kuroljow, gelang es 1958 ebenfalls, eine Rakete in die Erdumlaufbahn zu schicken. Im gleichen Jahr wurde auch die NASA geschaffen, die amerikanische Bundesbehörde für die Raketenforschung. Ziel sollte zunächst sein, Spionagesatelliten ins All zu befördern, später sollte der erste Mensch auf den Mond gebracht werden. Bevor dies am 20. Juli 1969 tatsächlich gelang, schossen die Sowjets im April 1961 bereits den ersten Menschen in den Weltraum. Auch hier waren sie eine Nasenlänge voraus. Erst in einer Entspannungsphase des Kalten Krieges 1975 kam es zu einem gemeinsamen amerikanisch-sowjetischen Raumflugunternehmen, der Apollo-Sojus-Mission. Eine gemeinsame Raumstation wurde erst lange nach dem Ende des Kalten Krieges gebaut.

Die Sicherheitsphilosophie des Atomzeitalters setzte voraus, schnell zu reagieren. B-52-Bomber befanden sich bei den Amerikanern in den sechziger Jahren permanent in der Luft, wurden dort aufgetankt und konnten bei Alarm direkt in den feindlichen Luftraum eindringen und ihre tödliche Last über zuvor bestimmten Zielgebieten abwerfen. Auch sie waren an einem bestimmten Punkt («Fail Safe Points») nicht mehr zu stoppen. Im Gegensatz zu den Bombern waren die Raketen zunächst sehr langsam. Bevor eine der ab Ende der fünfziger Jahre einsatzfähigen Interkontinentalraketen (ICBM) aus ihrem Silo abhob, verging viel Zeit. Dies änderte sich mit dem Fortschritt der Raketentechnik. Die ab 1962 in Dienst gestellte amerikanische *Minuteman*-Rakete schaffte es, innerhalb von «Minuten» startbereit zu sein. Die später eingeführten seegestützten Raketen (SLBM), die von U-Booten aus starteten, waren faktisch nicht mehr zu orten und zu bekämpfen. Mit dem technischen Fortschritt sanken die Vorwarnzeiten, was eine weitere Automation zur Folge hatte. Seit den siebziger Jahren gehörte ein Teil der Wissenschaftler auf beiden Seiten zu den Kritikern dieses Rüstungswettlaufs. In der UdSSR wurde Andrej Sacharow, der führend an der Entwicklung der ersten 50-Megatonnenbombe beteiligt gewesen war, zu einem der bekanntesten Dissidenten.

Viele technische Errungenschaften, die heute überwiegend zivil genutzt werden, sind kaum noch als militärische Entwicklungen des Kalten Krieges bekannt. Der Computer wurde zwar in den dreißiger Jahren erfunden und zum Teil im Zweiten Weltkrieg militärisch genutzt. Erst in der Nachkriegszeit wurde er aber unverzichtbar. Das von den USA oder von den Sowjets verwendete Luftraumüberwachungssystem, einschließlich automatisierter Starts, wäre ohne Computer undenkbar gewesen. Der US-Mathematiker John von Neumann erfand das Konzept der Speicherprogrammierung, um die Menge von konventionellem Sprengstoff zu ermitteln, die benötigt wurde, um den Nuklearsprengsatz zur kritischen Masse zusammenzupressen und zur Detonation zu bringen. Für die Steuerung von Raketen waren Computer bereits Ende der vierziger Jahre unverzichtbar. Den eigentlichen Startschuß zur Massenproduktion löste dann der Korea-Krieg aus. Marktführer IBM produzierte ab

1950 seine erste Generation von Rechnern für miltitärische Aufgaben. 1953 kam sein «Defense Calculator» auf den Markt. Auch das Internet hatte seine Anfänge in der Vorbereitung zum Nuklearkrieg. Die Dezentralisierung der Information sollte verhindern, daß nicht alle Daten bei einem Atomschlag verloren gingen. Der eigentliche Schub für die Computerentwicklung, der Übergang von der Transistor- zur Chip-Anwendung kam dann durch die *Minuteman*-Entwicklung ab 1959. Auch das Zivilflugzeug Boeing 707 war ursprünglich eine militärische Entwicklung und mit den Erfahrungen des Atomwaffenträgers B-52 zunächst als militärischer Transporter geplant.

Die Sicherheitsphilosophie des Kalten Krieges setzte auf technische Perfektion. Wenn man den Nuklearkrieg ab einem gewissen Punkt den Maschinen überließ, mußten diese fehlerlos arbeiten. Wenig drang während des Kalten Krieges daher über die Pannen an die Öffentlichkeit. Auch wenn man heute mehr weiß, ist vieles unbekannt, gerade auch auf sowjetischer Seite. Im Januar 1961 zerbrach ein B-52-Bomber über dem Osten der USA und verlor dabei seine 24-Megatonnen-Sprengsätze. Keiner explodierte, da die Sicherungen hielten, einer wurde allerdings niemals gefunden. Ähnliches passierte fünf Jahre später über dem spanischen Ort Palomares, als einer der ständig in der Luft befindlichen B-52-Bomber beim Auftanken in der Luft mit dem Tankflugzeug zusammenstieß. Diesmal mußten über 1700 Tonnen Erdreich abgetragen und eine der Bomben aus dem Mittelmeer geborgen werden.

Der Kalte Krieg wurde mit den neuen technischen Entwicklungen teuer. Wirklich viel Geld kostete er in den achtziger Jahren. Unter anderem wurde nun das US-Prestigeprojekt, die «Strategic Defense Initiative» (SDI), geplant, ein im Weltraum stationiertes Raketenabwehrsystem. Für die Sowjets war SDI von Beginn an eine unkalkulierbare technische und finanzielle Herausforderung. Nach der konservativen Interpretation des Kalten Krieges waren hier die Hauptgründe für den Untergang der Sowjetunion zu suchen.

2. Kalter Bürgerkrieg

Der Kalte Krieg war von Beginn an auch eine innergesellschaft-
liche Auseinandersetzung mit angeblichen oder tatsächlichen
Parteigängern des jeweils anderen Lagers. Dieser in der Literatur als «Kalter Bürgerkrieg» bezeichnete Konflikt war während
der fast 45 Jahre unterschiedlich stark ausgeprägt, aber immer
vorhanden. Während sich im Osten die staatliche Repression
relativ einheitlich von oben nach unten entfaltete, zogen sich die
Fronten im Westen zum Teil quer durch gesellschaftliche Organisationen. Gewerkschaften und Kirchen in der Bundesrepublik
waren trotz des antikommunistischen Konsenses seit den fünfziger Jahren in der Friedensbewegung aktiv und wurden deswegen verdächtigt, Parteigänger des Ostens zu sein.

Im sowjetischen Machtbereich begann die verschärfte Verfolgung mit dem Ausschluß Jugoslawiens aus der Kominform
1948. Reihenweise wurden «nationalistisch-titoistische» Ab-
weichler als Parteigänger des Westens verfolgt und teilweise
in aufsehenerregenden Schauprozessen abgeurteilt. Prozesse
fanden unter anderem in Albanien, Rumänien, Polen, Ungarn,
Bulgarien und der Tschechoslowakei statt, und viele endeten mit
Todesurteilen. Auch in der DDR liefen Prozeßvorbereitungen
seit 1949, ohne daß ein Verfahren stattfand.

Bis zum Ende des Ostblocks wurden die «Dissidenten» verfolgt. Ein bekanntes Beispiel war der Berliner Chemiker Robert
Havemann. Er war als Kritiker der US-Politik 1950 in Westberlin entlassen worden. Nach der Übersiedlung in die DDR wurde
er dort seit den sechziger Jahren zum bekanntesten Dissidenten.
Bis zu seinem Tod 1982 hielt man ihn unter Hausarrest. Erst
nach 1989 wurde er rehabilitiert.

Im Westen war es nicht die staatlich inszenierte Verfolgung,
sondern ein teilweise an Hysterie grenzendes Bedrohungsgefühl,
das vor allem in den fünfziger Jahren eine Jagd auf angebliche
Parteigänger des Osten ermöglichte. Für sie stand in den USA
der Name des republikanischen Senators Joseph McCarthy. Der
McCarthyismus in der US-Gesellschaft zwischen 1947 und
1954 fußte vor allem auf der These, daß ein falsch verstandener

Liberalismus die kommunistische Unterwanderung des Westens möglich gemacht habe. Kommunisten und Liberale im eigenen Lager seien für außenpolitische Niederlagen, wie den «Verlust» Chinas und Osteuropas verantwortlich. Bereits 1947 begannen öffentliche Anhörungen im «House Committee on Un-American Activities» (HUAC) und ein umfassendes Programm zur Überprüfung der Loyalität von Staatsangestellten. Erst als McCarthy 1954 mit ungerechtfertigten Vorwürfen auch die US-Armee angriff, wurde er aus dem politischen Leben entfernt.

Der McCarthyismus war so erfolgreich, weil er auf die Ängste des Mittelstands baute, den Wohlstand und die persönliche Freiheit zu verlieren. Daß dabei allerdings gerade die Bemühungen, diese Freiheit zu bewahren, zumindest partiell zu deren Einschränkung führten, zumal die Vertreter eines harten Antikommunismus den Liberalismus immer auch als Gefahr für die nationale Sicherheit interpretierten, wurde häufig nicht wahrgenommen.

In der Bundesrepublik zeigten sich ähnliche innenpolitische Auswirkungen des Kalten Krieges. Auch hier ging man härter gegen Links als gegen Rechts vor. Insgesamt ermittelte man in Westdeutschland während des Kalten Krieges gegen rund 200 000 Linke. Zum Teil wurde hier eindeutig mit zweierlei Maß gemessen. Die Überprüfung von Bewerbern für den Öffentlichen Dienst mit Regelanfrage beim Verfassungsschutz und möglichem «Berufsverbot» in den siebziger Jahren richtete sich fast ausschließlich gegen Linke. Das war dermaßen umstritten, daß 1978 ein Internationales Russell-Tribunal veranstaltet wurde, welches die Bundesregierung unter Helmut Schmidt wegen dieser Vorgehensweise auch tatsächlich verurteilte. 1979 schafften die sozialliberalen Bundesländer das Verfahren gänzlich ab, die unionsgeführten schränkten es zumindest ein.

Auch das KPD-Verbot 1956 war ein sichtbarer Ausdruck des Kalten Krieges. Die Partei hatte zwar in den ersten Jahren nach dem Krieg tatsächlich einige Erfolge vorweisen können. Das 1956 verkündete Verbot traf aber eine Partei, die auf dem Weg in die politische Bedeutungslosigkeit war. Insgesamt verschärfte die Bundesrepublik seit dem Beginn des Korea-Krieges die Verfolgung. Bundesdeutsche Gerichte beriefen sich bei Verfahren gegen Kommunisten in den folgenden Jahren regelmäßig auf das Delikt der Staatsgefährdung. Erst zwölf Jahre nach dem KPD-Verbot, am 27. Oktober 1968, konnte sich mit der DKP (Deutsche Kommunistische Partei) wieder eine legale kommunistische Partei in der Bundesrepublik etablieren. Auch sie blieb allerdings wenig erfolgreich. Mittlerweile weiß man durch die Öffnung der DDR-Archive, daß die DKP keineswegs so verfassungstreu war, wie sie vorgab. Ihre geheime Militärorganisation, die schließlich auf zweihundert Personen anwuchs (die «Gruppe Forster»), wurde in der DDR militärisch ausgebildet und sollte im Spannungsfall eingesetzt werden. Faktisch blieben aber alle kommunistischen Gruppierungen in der Bundesrepublik politisch bedeutungslos.

In besonderem Maße waren auf beiden Seiten des Eisernen Vorhangs jene unter Generalverdacht, die jenseits der offiziellen Politik die Aufnahme von Verhandlungen, den Verzicht auf Rüstung oder allgemein einen «Dritten Weg» jenseits der Konfrontation forderten. Im Westen gerieten seit den fünfziger Jahren unter anderem die selbsternannten Vermittler in der deutsch-deutschen Frage unter politischen Druck. Zu dieser lange vergessenen, aber prominent besetzten Gruppe gehörten unter anderem der erste Chef des bundesdeutschen Verfassungsschutzes, Otto John, und der erste niedersächsische Innenminister, Günter Gereke. Gereke siedelte 1952 in die DDR über, nachdem er nichtautorisierte Wirtschaftsgespräche mit Ostberlin geführt und allgemein zur Verständigung aufgerufen hatte. John, dessen Fall niemals ganz geklärt wurde, ließ sich nach seinem Übertritt 1954 ein Jahr in die «Westarbeit» der DDR einbinden. Beide verstanden sich als «deutschnational» und sahen ihr Handeln als notwendige Tat unter den Bedingungen des Kalten Krieges.

3. Der Kalte Krieg in den Medien

Daß die Themen des Kalten Krieges rasch ihren Niederschlag im Kulturbetrieb, vor allem in der Literatur und im Film fanden, ist wenig erstaunlich. Die Auseinandersetzung der Systeme war von Beginn an auch ein Krieg der Kulturen. Deutlich folgten Bücher und Filme den Konjunkturen des Kalten Krieges. Gleichzeitig verhinderte der Kalte Krieg bestimmte Themen. Während die Zensur im Ostblock relativ gut erforscht ist, ist über die Verhinderung von Büchern, Filmen oder Aufführungen im Westen wenig bekannt. Politische Zensur gab es in den fünfziger Jahren in der Bundesrepublik etwa gegen Stücke von Bertolt Brecht. Auch wurden Filme aus Ostblock-Produktion zum Teil nicht oder nur gekürzt freigegeben. Ein berühmtes Beispiel war der Film *Der Untertan*. Er kam erst sechs Jahre später, Ende 1957, stark gekürzt in die westdeutschen Kinos.

Wie gezielt die Kulturarbeit als Waffe eingesetzt wurde, ist auch daraus ersichtlich, daß sehr früh Organisationen gegründet wurden, deren einzige Aufgabe es war, westliches oder sowjetisches Gedankengut möglichst unaufdringlich zu popularisieren. Für den Westen besorgte dies zwischen 1950 und 1967 der durch CIA-Gelder finanzierte «Kongreß für Kulturelle Freiheit» (Congress for Culturell Freedom, CCF). Er versammelte einige der bekanntesten Größen des Kulturlebens: George Orwell, Arthur Koestler, Manès Sperber, Bertrand Russell oder Ignazio Silone. Der CCF schickte ganze Orchester um die Welt, organisierte große Kongresse und gab vielgelesene Zeitschriften wie *Der Monat* oder den *Encounter* heraus. Rund 170 Stiftungen, sogenannte «dummie foundations», unterhielt der amerikanische Geheimdienst CIA allein für den Zweck, die wahren Auftraggeber und die propagandistische Richtung nicht zu deutlich werden zu lassen. Mit dem Bekanntwerden der wahren Geldgeber starb 1967 auch der CCF. Seine Nachfolger waren bei weitem nicht mehr so erfolgreich.

Auch aus dem Osten fand natürlich diese Art «unpolitischer» und verdeckter Kulturarbeit statt. Schon aufgrund der finanziellen Beschränkungen gab es allerdings nichts vergleichbares zum CCF. Die «Westarbeit» des Ostblocks finanzierte aber auch Zeitschriften, Bücher, Organisationen und Kongresse. So gab das KGB zum Beispiel zwischen 1976 und 1979 in Frankreich das Blatt *Synthesis* heraus. Thematisch stand es dem linken Flügel der Gaullisten nahe, und es wurde kostenlos an

Multiplikatoren verteilt. In der Bundesrepublik waren es zum Beispiel Veröffentlichungen des Kölner Pahl-Rugenstein-Verlags, die zum Teil von der DDR organisiert wurden.

Literatur und Film boten in Ost wie West allerdings die ansprechendste öffentliche Bühne für die Darstellung des Systemkonflikts. In der amerikanischen Spielfilmproduktion markierte das Jahr der Ersten Berlin-Krise den Bruch. 1948 erschienen mit *Berlin-Express* und *The Iron Curtain* der letzte prosowjetische und der erste deutlich antikommunistische Streifen. In den folgenden heißen Jahren des Kalten Krieges produzierte Hollywood Dutzende genuine «Cold War Movies» wie *I married a Communist* (1950). In der heißen Endphase des Kalten Krieges kam 1984 der Film *Die rote Flut* in die Kinos. Die meisten Filme basierten auf zum Teil schon vorher erfolgreichen Büchern. Die berühmten «James Bond»-Filme, wie *From Russia with Love* (1963), die auf den Romanen des britischen Autors Ian Fleming fußten, reproduzierten kontinuierlich die Fronten des Kalten Krieges, auch wenn in den späteren Fortsetzungen «der Russe» durch vornehmlich unpolitische Wahnsinnige ersetzt wurde. Auch die populären Filmvorlagen von John Le Carré (*The Spy who Came in from the Cold*, 1963/66) boten genügend Raum, die Bedrohung effektvoll nachzuzeichnen. Nicht zuletzt versuchten sich die großen Meister des Kinos am Thema: Alfred Hitchcocks Spionagethriller *Topaz* (1968) spielte vor dem Hintergrund der Kuba-Krise 1962.

Wie minutiös das Kino den Kalten Krieg abbildete, ist auch daraus ersichtlich, daß selbst die Entspannungsphasen ihren Niederschlag fanden. 1977 spielte Charles Bronson im US-Thriller *Telefon* einen KGB-Offizier, der in die USA geschickt wird, um «Schläfer», die im Ernstfall für Sabotageeinsätze aktiviert werden sollten, auszuschalten, nachdem die Supermächte zur Verständigung übergegangen waren.

Früh wurde der Horror des Atomkrieges zum Thema. Bereits 1959 kam das US-Drama *On the Beach* in die Kinos. Der Film spielte nach der nuklearen Katastrophe und thematisierte die Schrecken des alltäglichen Lebens in einer zerstörten Welt. Bei den Kritikern, vor allem aber in der Publikumsgunst fiel er jedoch durch. Angesichts der Hysterie um eine angebliche «Raketenlücke» im Westen, war es für das Thema offensichtlich noch zu früh. Ganz anders war dies am Ende der sechziger Jahre, als die nuklearen Waffenarsenale die weltweite Vernichtung nicht mehr unwahrscheinlich erscheinen ließen. *Planet of the Apes* von 1967 zeigte eine verwüstete Erde, auf der die Primaten die Führung übernommen haben. Der Film war ein Publikumsrenner und hatte vier Fortsetzungen. *The Day After* von 1983 zeigte die Sinnlosigkeit des Überlebens nach dem globalen Atomkrieg. Anders als 1959 erhielt dieser Versuch, sich mit dem Thema auseinanderzusetzen, vor dem Hintergrund der aktuellen amerikanisch-sowjetischen Konflikte weltweite Aufmerksamkeit.

Parallel kamen Filme auf den Markt, die die Gefahr des Unfalls oder Zufalls für die Auslösung eines Atomkrieges thematisierten: Der US-Thriller *War Games* von 1982 erzählte effektvoll die Geschichte eines Schülers, der durch Zufall den Computer der Landesverteidigung aktiviert und dadurch fast den globalen Krieg auslöst. In dem im selben Jahr gedrehten sowjetischen Film *Vorfall im Planquadrat 36–80* (*Slutschai w Kwadrate*) ist es die Überheblichkeit eines amerikanischen Offiziers auf einem havarierten Atom-U-Boot, die beinahe zum Krieg führt. Aber auch zwanzig Jahre zuvor waren solche Filme gedreht worden. Der US-Streifen *Fail Safe* von 1963 zeigte, was passieren könnte, wenn die Automatik, die den Gegenschlag einleiten sollte, einmal versagen würde. Bereits vier Jahre vorher war eine ambitionierte ostdeutsch-polnische Produktion mit dem Titel *Der schweigende Stern* (*Milczada Gwiazda*) gedreht worden. In dem Science-Fiction-Film wurde der unbewohnbare Planet Venus als Ergebnis eines nuklearen Unfalls präsentiert.

Der Film war es auch, der die Widersinnigkeiten des Kalten Krieges als erster ironisch aufnahm. Die französisch-italienischen Komödien um den katholischen Geistlichen Don Camillo und den kommunistischen Bürgermeister Peppone wie *Le Petit Monde De Don Camillo* kamen schon ab 1952 in die Kinos. Billy Wilders Komödie *Eins, Zwei, Drei* (1961) sah den Kalten

Krieg der Supermächte im geteilten Berlin mit ihren ideologischen Stereotypen als Witz. In Stanley Kubricks zwei Jahre später gedrehten Satire *Dr. Strangelove or How I Learned to Stop Worrying and Love The Bomb*, die gerade wegen ihres albtraumhaften Humors wohl der beste Beitrag zum Thema ist, ist der Kalte Krieg eine männliche Sexualneurose. Die Ideen fand Kubrick in den Veröffentlichungen des bekannten amerikanischen Futurologen Herman Kahn und seiner Vorstellung einer Verteidigung durch eine automatische Zündung aller vorhandenen Atomwaffen. Für andere brauchte er nur auf die aktuelle amerikanische Verteidigungsstrategie zu schauen. Zur Ausgestaltung der Charaktere machte Kubrick Anleihen bei jenen US-Militärs, die aufgrund ihrer exzentrischen Meinungen bekannt waren: Als Vorbilder für General «Jack D. (= the) Ripper», der am Beginn des Films «ein für allemal reinen Tisch machen will» und dafür seine B-52-Bomber zum Angriff auf die Sowjetunion schickt, dienten die Kommandeure des Strategischen Luftkommandos der USA, Curtis LeMay und vor allem wohl Thomas Power. Der Film war ein Publikumsrenner.

Im Kino der Ostblockstaaten fehlte vor allem diese Ironisierung der Auseinandersetzung, weil der Film vor allem in der Frühzeit des Kalten Krieges als wichtiges politisch-pädagogisches Instrument diente. Dies verbat natürlich weitgehend die Ironisierung. Ein Musterfilm des Kalten Krieges aus der UdSSR war *Eine Nacht ohne Gnade* (*Notsch bes Milosserdija*) von 1961, in dem ein mit «Sonderaufgaben» in Vorderasien betrauter US-Soldat den «wahren Charakter» des Westens erkennt, aber den Versuch der Verständigung mit dem Leben bezahlt. Wie im Westen tauchten in der heißen Endphase des Kalten Krieges viele der traditionellen Inhalte erneut auf. Der Film *Die Festnahme* (*Perechwat*) von 1986 beschwor erneut die Gefahr der Sabotage. Klischees des Kalten Krieges in Reinkultur boten in den achtziger Jahren die sowjetischen Filme um «Major Schatochin», einem Pendant zu den von 1982 bis 1987 produzierten amerikanischen *Rambo*-Filmen.

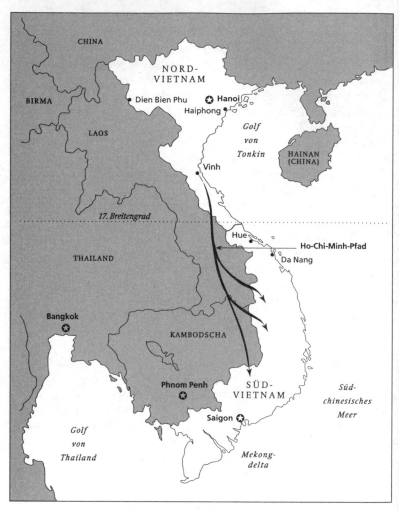

Karte 1: Südostasien im Vietnam-Krieg

VI. Die Verlagerung des Kalten Krieges in die Dritte Welt seit 1961

1. Konfrontationen in Asien: Der Vietnam-Krieg

Der erste militärische Konflikt des Kalten Krieges hatte ab 1950 in Korea stattgefunden und war mit dem Waffenstillstand 1953 zu Ende gegangen. Faktisch waren die alten Grenzen am 38. Breitengrad nach Hunderttausenden von Toten wiederhergestellt. Korea blieb mit seinen anhaltenden Konfrontationen und der fehlenden Annäherung zwischen den beiden koreanischen Staaten ein Paradebeispiel für die Bedeutung der Entspannungspolitik im Kalten Krieg. Nicht jedoch dort, sondern in Südostasien und schließlich auf Kuba entwickelten sich in den sechziger Jahren die wichtigsten Brennpunkte des Kalten Krieges.

Der Konflikt in Südostasien begann unmittelbar nach dem Ende des Zweiten Weltkrieges als französischer Krieg zur Rekolonisierung von «Indochina». Diese Phase reichte von 1945/46 bis zur Niederlage der Franzosen bei Diên Biên Phu und auf der anschließenden Genfer Indochina-Konferenz im Mai/Juli 1954 beschlossenen Teilung Vietnams (s. Karte 1). Die USA waren bereits in dieser Phase zunächst mit finanzieller Unterstützung, ab 1957/58 mit Verdeckten Operationen im kommunistischen Nordvietnam beteiligt. Ab 1965 begann mit offenen Angriffen der amerikanisch geführte eigentliche «Vietnam-Krieg», der dann auch Laos und Kambodscha mit einbezog. Er endete offiziell mit dem Waffenstillstand 1973 und der Ausrufung einer Sozialistischen Republik Vietnam 1976. 1979 folgte ein Angriff Chinas auf Vietnam («Erziehungsfeldzug»), um einerseits bestehende Grenzfragen militärisch zu regeln, andererseits die Vietnamesen für Angriffe auf Kambodscha und die dort seit 1975 herrschenden «Roten Khmer» zu bestrafen. Diese Auseinandersetzungen zogen sich bis zum Ende des Kalten Krieges hin. Erst 1991 kam es zu gegenseitigen Staatsbesuchen zwischen Peking und Hanoi. Im Juli 1995 wurde das sozialistische Vietnam sogar Mitglied in der 1967 ursprünglich als antikommunistischer Staatenbund gegründeten ASEAN.

Das französische Engagement in Südostasien 1945 hatte auf den ersten Blick wenig mit dem Kalten Krieg zu tun. Es war der von Beginn an politisch überholte Versuch gewesen, das verlorene Kolonialreich nach dem Zweiten Weltkrieg wiederzubeleben. Mit der Kapitulation der französischen Festung Diên Biên Phu 1954 war dies gescheitert. Sieger der Auseinandersetzung war der Führer der kommunistischen Bewegung Vietnams, der in Frankreich und der Sowjetunion ausgebildete Ho Chi Minh. Seit 1946 hatte er als Ministerpräsident der Demokratischen Republik Vietnam und Chef der kommunistischen Viet Minh den antikolonialen Kampf geführt. Die französische Niederlage bedeutete die deutsche bzw. koreanische Lösung: Vietnam wurde am 17. Breitengrad zwischen dem kommunistischen Norden mit der Hauptstadt Hanoi und dem kapitalistischen Süden mit der Hauptstadt Saigon geteilt.

Die UdSSR und die USA standen sich in Südostasien indirekt gegenüber. Beide verstanden die Auseinandersetzung aber als Teil des weltweiten Konflikts der Systeme. Die amerikanische «Dominotheorie» erhielt ihre Bezeichnung in der Analyse des Krieges in Südostasien 1954, wobei vorherige Erfahrungen in Ostmitteleuropa eine wichtige Rolle spielten. Im Westen fürchtete man eine Kettenreaktion in der Dritten Welt: Wenn Südvietnam falle, seien kommunistische Machtergreifungen in anderen ehemaligen Kolonialstaaten nicht mehr ausgeschlossen. Tatsächlich waren die Erfolge der Sowjetunion in Indien seit den fünfziger Jahren beträchtlich. Hier befand sich auch der Schwerpunkt der KGB-Aktivitäten.

Die Franzosen erwiesen sich bis 1954 für die USA als schwierige Partner. Die seit 1950 laufende verdeckte amerikanische Unterstützung – vor allem Flugzeuge – im Wert von sieben Milliarden Dollar nahm man zwar an, Ratschläge wurden aber als Zumutung empfunden. Eisenhower hatte eine direkte US-Intervention aus Furcht vor einer Neuauflage des Korea-Krieges abgelehnt.

Die Hilfe für Indochina bzw. seine Nachfolgestaaten Vietnam, Kambodscha und Laos war auch ein Feld, auf dem Moskau und Peking mit Finanz- und Militärhilfe konkurrierten. 1965 weilte Chruschtschows Nachfolger, Alexej Kossygin, sogar persönlich in Hanoi, um die Nordvietnamesen auf den Moskauer Kurs zu bringen und sie zu veranlassen, die chinesische Hilfe künftig abzuweisen. Dafür war man sogar bereit, die eigenen Hilfsleistungen zu steigern. Hanoi lehnte ab und erreichte durch den Moskau-Peking-Konflikt dann sogar die doppelte Hilfe, mit der der Krieg immer erfolgreicher geführt werden konnte.

Die Lage in Südvietnam hatte sich nach dem Sieg Nordvietnams über Frankreich zunehmend verschärft. Infiltrationen aus dem kommunistischen Norden über einen durch das benachbarte Laos laufenden Nachschubweg («Ho-Chi-Minh-Pfad»), aber auch der mangelnde Rückhalt der politisch unfähigen Regierungen um Bao Dai und schließlich Ngô Dinh Diêm bei der Bevölkerung führten zu einer nachhaltigen politischen Destabilisierung des Südens, während im Norden ein relativ stabiles sowjetisches System eingerichtet wurde. Gerade die Verfolgung von tatsächlichen oder vermeintlichen Kommunisten – ab 1957 allgemein Vietcong genannt – durch Diêm schürte den Widerstand gegen das Regime. Allerdings wurden durch die Vietcong allein 1957 etwa 500 Dorfälteste und lokale Beamte im Süden getötet. 1959 waren es bereits 1600, ein Jahr später 4000. 1960 wurde als Dachorganisation der vietnamesischen Kommunisten («Viet Nam Cong San») die «Nationale Befreiungsfront Südvietnams» (Front National de Libération, FNL) gegründet. Dessen erster Generalsekretär wurde der aus dem antifranzösischen Widerstand hervorgegangene Nguyen Huu Tho. Bis Ende 1961 gelang es der FNL etwa drei Viertel der ländlichen Gebiete Südvietnams zu kontrollieren und ständig an Einfluß zu gewinnen.

Amerikanische Militärberater und CIA-Agenten waren bereits seit 1954/55 aktiv in Südvietnam tätig. Ab 1957/58 wurden subversive Gruppen in Nordvietnam eingesetzt. Nun entwickelte sich der Konflikt entlang der Prämissen der US-

Befreiungspolitik. Unter Kennedys Präsidentschaft erhöhte sich die Zahl der US-Spezialisten im Land 1962 sprunghaft auf 16 575 Personen.

Nach Kennedys Ermordung 1963 forcierte sein Nachfolger Lyndon B. Johnson das US-Engagement weiter. Der Zwischenfall im Golf von Tongking, wo nordvietnamesische Schnellboote amerikanische Schiffe beschossen, die wahrscheinlich in einer Geheimoperation im Norden eingesetzt waren, bot die offizielle Begründung. Bis 1968 erhöhte sich die US-Truppenstärke in Südvietnam auf 540 000 Soldaten. Ein groß angelegter nordvietnamesischer Angriff 1968, die «Tet-Offensive», in der die USA mit Mühe verhindern konnten, daß Saigon von nordvietnamesischen Truppen eingenommen wurde, zeigte, wie weit selbst ein militärischer Sieg entfernt war, von der Befriedung des Raumes ganz abgesehen. 1969 erfolgte dann unter Nixon die berüchtigte Ausdehnung des Konfliktes auf Kambodscha, das Nachschubbasen für den Vietcong unterhielt, pro forma aber bis dahin als neutral galt. 1971 begann ein direkter Angriff auf Laos durch das der Nachschub nach wie vor floß. Parallel dazu erhöhte sich der Umfang der Flächenbombardements im Norden. Zwischen 1971 und 1973 zogen die US-Truppen schließlich ab. Es gab viele Gründe, warum das amerikanische Militär der vergleichsweise kleinen nordvietnamesischen Armee unterlag. Ein wichtiger Aspekt war aber das Zerbrechen des innenpolitischen Konsenses in den USA. Nach 1968 war die Majorität der Amerikaner auch angesichts der weltweiten Proteste bereit, sich ohne Sieg aus dem Konflikt zurückzuziehen. Am 30. April 1975 kapitulierte die ohne US-Unterstützung hilflose südvietnamesische Regierung gegenüber Nordvietnam. Zwei Wochen vorher war bereits das ebenfalls von den USA unterstützte Lon-Nol-Regime in Kambodscha gestürzt worden. Im «Demokratischen Kampuchea» richteten die mörderischen Roten Khmer unter Pol Pot bis 1979 ihre Regierung ein. Ihre Interpretation des Kommunismus, angelehnt an Maos Politik des «Großen Sprungs», kostete zwei, möglicherweise drei Millionen Menschen das Leben, vor allem aus der gebildeten Mittelschicht. Nach dem Einmarsch der Vietnamesen und der Einsetzung eines

Regimes unter Heng Samrin 1979, zogen sich die Roten Khmer zunächst in die Wälder zurück und konnten dort bis Mitte der neunziger Jahre ausharren und sogar Teile des Landes kontrollieren. 1993, nach den ersten freien Wahlen unter UN-Aufsicht, wurde Kambodscha eine Konstitutionelle Monarchie. In Laos führte das Ende des amerikanischen Engagements und die Niederlage Südvietnams 1975 ebenfalls zur Regierungsübernahme der Kommunisten und zur Errichtung einer «Demokratischen Volksrepublik» der «Pathet Lao», die allerdings in Abhängigkeit zu Vietnam blieb.

2. Stellvertreterkriege in Afrika

Die Entwicklung Südostasiens erschien im Rückblick als deutliche Bestätigung der Dominotheorie. Ähnliche Sorgen hatte der Westen in Afrika sowie in Mittel- und Südamerika. Auch hier lernten einzelne, zum Teil blockfreie Staaten, den Kalten Krieg zu ihrem Vorteil zu nutzen. Der erste, dem dies gelang, war der ägyptische Staatschef Nasser, der Wirtschaftshilfe von den Sowjets erhielt, als die USA sie ihm nach der Suez-Krise sperrten. Ägyptens geschickter Schachzug wurde zum Zeichen für die Möglichkeiten der Staaten in der Dritten Welt. Allerdings war dies aufgrund der Sonderstellung Ägyptens als führende Kraft der Blockfreien-Bewegung und aufgrund des Sonderkonflikts der arabischen Staaten mit Israel nur bedingt übertragbar.

Anders als in Asien waren die Supermächte in Afrika in der Regel nur noch Finanziers und Waffenlieferanten der Konflikte, jedoch nicht mehr direkt Beteiligte. Der Krieg wurde durch einheimische Truppen, teilweise auch mit Hilfe der Verbündeten geführt. Afrika war aber auch ein wichtiger Austragungsort für den innerdeutschen Sonderkonflikt im Kalten Krieg. Nach den 1981 zum ersten Mal von der DDR vor der UN-Vollversammlung vorgelegten Zahlen investierte das wesentlich finanzschwächere Ostdeutschland mit 0,5 Prozent des Bruttosozialprodukts etwa genausoviel Entwicklungshilfe in der Dritten Welt wie Westdeutschland. Gleichzeitig konnte Ostberlin hier mit seiner geheimdienstlichen «Bruderhilfe» punkten. Empfängerländer waren die sozialistischen Staaten Afrikas, Sansibar, Ghana, Moçambique, Angola, der Sudan und Äthiopien. Kontakte bestanden natürlich auch zu sozialistischen arabischen, mittelamerikanischen und asiatischen Staaten, so zum Südjemen, zu Nicaragua und zu Vietnam. Auch süd- und mittelamerikanische sowie arabische Staaten, aber auch Organisationen wie der «Afrikanische Nationalkongreß» (ANC) in Südafrika nahmen diese Hilfe an.

Der Bundesrepublik Deutschland gelang es ihrerseits, offizielle DDR-Vertretungen bis 1969 mit dem Hebel des «Alleinvertretungsanspruches» («Hallstein-Doktrin») aus Afrika herauszuhalten. Bonn drohte mit dem Abbruch der diplomatischen Beziehungen falls ein Staat die Ostberliner Regierung offiziell anerkennen würde. Die Bundesrepublik eröffnete in fast jeder afrikanischen Hauptstadt eine Vertretung – selbst dort, wo kaum politische oder wirtschaftliche Interessen vorhanden waren. Über 20 000 Projekte der Entwicklungshilfe wurden von der Bundesrepublik bis zum Ende des Kalten Krieges abgeschlossen. Allerdings gehörte Bonn in den achtziger Jahren auch zu den Hauptwaffenlieferanten für Angola, Kamerun, Libyen und Tunesien.

Aus der Perspektive der jeweiligen Supermacht waren auch die Initiativen in der Dritten Welt immer nur die Reaktion auf die angenommene Aktion der anderen Seite. Dies läßt sich für die USA und die UdSSR besonders eindringlich am Beispiel der bis 1960 belgischen Kolonie Kongo demonstrieren. Der Vielvölkerstaat, für viele der Schlüssel zur Beherrschung Zentralafrikas, war völlig unvorbereitet in die Unabhängigkeit entlassen worden. Die Folge war ein fünfjähriger Bürgerkrieg, in dem nicht nur die verschiedenen Stämme gegeneinander kämpften, sondern auch Belgien, die Sowjetunion und die USA. Die UNO stand hilflos zwischen den Fronten. Für den Westen wie für Moskau erschien die Gefahr der jeweils gegnerischen Machtübernahme im Kongo gravierend.

Aus den ersten Wahlen im Mai 1960 war die einzige nationale Partei des Kongo, der «Mouvement National Congolaise» (MNC) unter Patrice Lumumba als Sieger hervorgegangen. Eine parlamentarische Mehrheit konnte man trotzdem nicht bilden. Lumumba wurde zwar zum ersten Regierungschef gewählt, der MNC allerdings gespalten. Staatspräsident wurde Joseph Kasawubu aus der föderalistischen «Assoçiation des Bankongo» (ABAKO). Die Regierung stand von Anfang an in Konflikt zu verschiedenen anderen Gruppen, die zum Teil von der ehemaligen Kolonialmacht unterstützt wurden. Der wichtigste Gegner war Moïse Tschombé von der «Confédération des Assoçiations du Katanga» (CONAKAT), der im Juli 1960 mit Unterstützung der Belgier die rohstoffreiche Provinz Katanga für selbständig erklärte.

Die weitere Geschichte hätte Platz in einem Hollywoodstreifen zum Kalten Krieg. Die US-Regierung interpretierte Lumumbas Regierung als prosowjetisch, zumal Moskau tatsächlich Flugzeuge und Kraftfahrzeuge lieferte und auch tschechische Berater im Land waren. Von der CIA wurde daraufhin Gift geliefert, um Lumumba zu beseitigen. Gleichzeitig fühlte sich Staatspräsident Kasawubu offenbar durch die amerikanischen Sondierungen dazu ermutigt, seinerseits einzugreifen: Am 5. September setzte er eigenmächtig Lumumba ab. Er konnte dabei allerdings auf die Unterstützung der 10 000 UN-Soldaten im Land zählen. Neun Tage später mischte sich zusätzlich die kongolesische Armee ein: Ihr damals 29jähriger, ebenfalls prowestlicher Stabschef, Mobutu Sese-Seko, erklärte seinerseits die Machtübernahme. Zusammen mit dem prowestlichen Moïse Tschombé in der Provinz Katanga hatte der Kongo im Januar 1961, als die Regierung Kennedy antrat, vier Regierungen, die sich gegenseitig bekämpften. Kurz nach dem Amtswechsel in Washington wurde Lumumba, wahrscheinlich mit Duldung der CIA, durch Tschombé-Anhänger und/oder belgische Söldner ermordet.

Die Kongo-Affäre hatte sich in wenigen Monaten zu einer gravierenden Krise des Kalten Krieges ausgewachsen, die weit über die Amtszeit Kennedys, aber auch über die Chruschtschows hinaus wirkte. Der Kampf wurde nicht zuletzt in der UNO ausgefochten. Dort bezichtigte Moskau die USA, sie betreibe aktiven Umsturz. Washington konterte mit dem Vorwurf, die UdSSR fördere wissentlich das Chaos, um dann die Macht zu übernehmen. UNO-Generalsekretär Dag Hammarskjöld wurde zudem von den USA beschuldigt, er hintertreibe durch den Einsatz der UN-Verbände die Einrichtung einer prowestlichen Regierung. 1965 konnte Mobutu sich gegen Tschombé und seine weiße Söldnerarmee durchsetzen und eine prowestliche antikommunistische Diktatur unter dem Namen «Demokratische Republik Kongo» (seit 27. 10. 1971: Republik Zaire) einrichten. Sie hatte bis über das Ende des Kalten Krieges hinaus Bestand. Auch finanziell lohnte sich die Anlehnung Mobutus an den Westen trotz der offiziell erhaltenen Blockfreiheit. Die USA gaben jährlich mehrere hundert Millionen Dollar zur Erhaltung des «Bollwerks» Zaire aus. Von hier aus wurden auch die antikommunistischen Kämpfer im benachbarten Angola beliefert, wo ein anderer zentraler Konflikt zwischen Ost und West über Jahrzehnte ausgetragen wurde. Auch die Bundesrepublik Deutschland investierte im Kongo erhebliche Summen: zwischen 1965 und 1991 rund eine Milliarde Mark.

Der Stellvertreterkrieg in der bis 1974 portugiesischen Kolonie Angola wurde von 1961 bis 1994 geführt. Das Land war nicht zuletzt aufgrund der Bodenschätze so wertvoll, daß keiner das Land kampflos preisgeben wollte. Hier scheiterte bereits die Dekolonisierung über Jahrzehnte an den Interessen der beiden Supermächte, jedoch auch an den multinationalen Konzernen. Nicht zuletzt weigerte sich Portugal bis 1974, die Unabhängigkeit der Kolonie zu erklären.

Die Auseinandersetzung in Angola wurde seit 1961 durch drei Gruppen geführt. Die linksgerichtete «Movimento Popular de Libertação de Angola» (MPLA) wurde durch Hilfslieferungen aus der UdSSR und von anderen sozialistischen Staaten, jedoch nicht von China versorgt. Insgesamt flossen wahrscheinlich etwa 400 Millionen US-Dollar. Vom Westen und China erhielt die «Frente Nacional de Libertação» (FNLA) und die von ihr 1967 abgespaltene «União para la Independencia Total de Angola» (UNITA) ihre Unterstützung. An die UNITA lieferten die USA in den achtziger Jahren auch die wirkungsvollen «Stinger»-Boden-Luft-Raketen, die ansonsten vor allem den moslemischen Kämpfern («Mudjahedin») in Afghanistan zur Bekämpfung sowjetischer Truppen zur Verfügung gestellt wurden. 1961 war es zu mehreren Aufständen gekommen, die mit Tausenden von Toten geendet hatten. Seit 1966 griff die MPLA aus dem östlich gelegenen Sambia an und konnte bis 1972 rund zwei Drittel des Landes kontrollieren, obwohl Portugal mit massivem Materialeinsatz reagierte. Auf der Seite der MPLA kämpften im Bürgerkrieg seit 1975 dann auch etwa 15 000 Kubaner. Es war ihr Einsatz, der 1976 die Entscheidung für die MPLA brachte. Das wenige Jahre zuvor in den Konflikt eingetretene Südafrika zog sich zu diesem Zeitpunkt offiziell zurück. Die US-Regierung, insbesondere Außenminister Kissinger, interpretierte dies als schwere westliche Niederlage im Kalten Krieg. Erst unter Gorbatschow zogen die Kubaner ab. Ein Waffenstillstand 1991, erneuert 1994, schloß einstweilen die Konfrontation ab, die in vieler Hinsicht den Kalten Krieg *en miniature* abgebildet hatte.

Ähnliche Konflikte an den Fronten des Kalten Krieges spielten sich in Äthiopien und Somalia am strategisch wichtigen Horn von Afrika ab. Ähnlich wie zuvor in Ägypten, im Kongo und in Angola gelang es auch in den von Claninteressen zerrissenen ostafrikanischen Staaten, virtuos die Fronten des Kalten Krieges zu nutzen. Somalia, hervorgegangen aus dem britischen und italienischen Kolonialgebiet und seit 1960 unabhängig, war seit einem Militärputsch 1969 eine islamisch-marxistische Militärdiktatur. Auch Äthiopien besaß seit 1974 eine sozialistische Verfassung und setzte Maßnahmen nach dem Muster der Sowjetisierung durch. Beide Staaten führten seit 1960 Krieg, teils gegeneinander, teils gegen andere Staaten (Somalia–Eritrea 1962–1991, Somalia–Kenia 1963–1967, Tigray-Oromo-Konflikt 1974–1991). Die weltpolitisch wichtigste Auseinandersetzung wurde um die Region Ogaden 1977/78 mit sowjetisch-kubanischer und amerikanischer Unterstützung geführt.

Die mehrheitlich von somalischen Nomaden bewohnte, unwirtliche Ogaden-Region war bereits 1897 und 1907 von den Kolonialmächten Äthiopien zugeschlagen worden. Dies war von Somalia allerdings niemals akzeptiert worden. Nach zahlreichen kleineren Gefechten eskalierte der eigentliche Ogaden-Konflikt im Juli 1977 mit einer Offensive Somalias und endete im März 1978 mit dem Sieg Äthiopiens. Die Auseinandersetzung kostete Tausende Soldaten das Leben, erwies sich jedoch wie fast alle Konflikte in der Dritten Welt vor allem für die Zivilbevölkerung als Katastrophe.

Die Supermächte, aber auch ihre Verbündeten engagierten sich umfassend in der strategisch wichtigen Region. Moskau entschied sich, Äthiopien unter Mengistu Haile Mariam zu unterstützen. Neben sowjetischen Waffenlieferungen wurden wie in Angola rund 15 000 kubanische Soldaten ins Land gebracht, die maßgeblich zum Sieg beitrugen. Auch die DDR war beteiligt: Sie finanzierte mit vier Millionen Mark eine Schule für Sicherheitskräfte in Äthiopien. Nach dem Prinzip des «Teile und Herrsche» erhielten aber auch die Eriträer, die für die Loslösung von Äthiopien kämpften, sowjetisch-kubanische Hilfe.

Das sozialistische Somalia entschied sich im November 1977, die militärisch-politische Kooperation mit Moskau zu beenden, und konnte erfolgreich westliche Hilfe einwerben. Dazu trug ein Ereignis bei, das nur indirekt mit dem Kalten Krieg zu tun hatte: Arabische Terroristen entführten im Oktober 1977 eine Lufthansa-Maschine aus der Bundesrepublik, um deutsche Gesinnungsgenossen freizupressen. Die somalische Regierung genehmigte daraufhin einem westdeutschen Anti-Terror-Kommando auf dem Flugplatz ihrer Hauptstadt Mogadischu, die Maschine zu stürmen. Bonn revanchierte sich mit erhöhter Entwicklungshilfe. Die Hauptunterstützung leisteten aber auch hier die USA. Für die nächste Runde im Ogaden-Konflikt 1980 war Somalia diesmal mit US-Waffenhilfe gut gerüstet. Bis 1989 erhielt das Land überproportional hohe Zahlungen. Ogaden blieb dennoch äthiopisch, ebenso wie die umkämpften Gebiete Tigray und Oromo. Die Folgen des Krieges um Ogaden waren aber weitreichend: Die Entspannungspolitik wurde im Wüstensand von Ogaden «begraben», wie der Sicherheitsberater Präsident Carters, Zbigniew Brzezinski, später in seinen Memoiren feststellte. Daß die eigentlichen Ursachen der Auseinandersetzungen dennoch wenig mit dem Kalten Krieg zu tun hatten, zeigte sich nach 1991. Weil er eigentlich ein innerafrikanischer, teilweise lediglich ein Konflikt der rivalisierenden Clans war, der nur temporär an den Ressourcen des Kalten Krieges partizipiert hatte, blieb die Auseinandersetzung auch nach einem UN-Einsatz zwischen 1992 und 1994 unlösbar.

3. Der Kalte Krieg in Süd- und Mittelamerika

In Süd- und Mittelamerika war die Situation prinzipiell ähnlich, unterschied sich aber deswegen, weil hier der Raum war, den die Monroe-Doktrin zum alleinigen Einflußgebiet der USA erklärt hatte. Hier reagierten die Vereinigten Staaten so sensibel wie die Sowjetunion in ihrem unmittelbaren Sicherheitsgürtel. Der erste Konflikt fand im mittelamerikanischen Guatemala 1954 statt. Diese Region blieb brisant, wie die amerikanischen Interventionen in den achtziger Jahren zeigten.

In Guatemala, wo nach dem Zweiten Weltkrieg rund 75 Prozent der zumeist indianischen Bevölkerung unter dem Existenzminimum lebten und der Landbesitz sich weitgehend in der Hand von wenigen Grundbesitzern und internationalen Gesellschaften (insbesondere der US-Gesellschaft «United Fruit») befand, war 1954 zum ersten Mal ein Reformpolitiker an die Macht gekommen. Jacobo Arbenz Guzmán vertrat eine gemäßigte linke Reformpolitik und suchte einen Platz zwischen den Blöcken. In das Visier der US-Politik geriet auch er durch eine Waffenbestellung aus dem Ostblock sowie durch die Enteignung der United Fruit Company. Am 18. Juni 1954 wurde er mit Hilfe der CIA gestürzt und ins Exil gezwungen. Führer der nachfolgenden US-freundlichen Militärdiktatur wurde Carlos Castillo Armas, der den von Eisenhower gebilligten Putsch geführt hatte. 1960 wurde Guatemala zum Ausbildungsplatz für die von den USA unterstützten Exilkubaner, die den schließlich gescheiterten Putsch gegen Castro 1961 führten. Der Besitzer der Plantage, auf dem die gescheiterten Invasoren geübt hatten, Roberto Alejos Arzu, gehörte knapp zwanzig Jahre später dann zum Kreis jener, die die Rückkehr zur Offensive im Kalten Krieg forderten und deshalb Ronald Reagan finanzierten. Guatemala blieb auch nach dem Ende des Kalten Krieges ein Schlachtfeld zwischen linksgerichteten «Rebellen», rechten «Todesschwadronen» und der Regierung.

Ähnlich wie in Guatemala gingen die USA in den achtziger Jahren in Nicaragua vor. Als dort im Juli 1979 Anastasio Somoza Debayle als der letzte Vertreter eines Clans, der das mittelamerikanische Land seit über vierzig Jahren beherrscht und systematisch ausgeplündert hatte, durch eine Regierung der «Sandinisten» ersetzt wurde, war dies der Beginn einer weiteren klassischen verdeckten US-Operation zur Beseitigung einer unerwünschten linksgerichteten Regierung. Tatsächlich waren die Sandinisten, die sich auf ein breites Bündnis von landlosen Bauern, Mittelstand und Kirche stützen konnten, wie man durch die Öffnung von Geheimdienstakten nun weiß, von Moskau als «Fünfte Kolonne» für die USA vorgesehen.

Die von der US-Regierung gegenüber Nicaragua betriebene klassische *Rollback Policy* beinhaltete von Anfang an neben dem Wirtschaftsboykott eine aktive Unterstützung antisandinistischer Gruppen – sogenannter «Contras» – durch die CIA. Am 1. Dezember 1981 genehmigte US-Präsident Reagan offiziell die ersten 19 Millionen Dollar. Ausgebildet wurden sie im benachbarten Honduras. Trotz Verbot durch den US-Kongreß setzte man diese Operationen fast bis zum Ende des Kalten Krieges fort. Im März 1988 wurden dann zur Erhöhung des Drucks auch reguläre US-Truppen nach Honduras entsandt.

Zuletzt trugen allerdings nicht die Contras oder der Druck der USA zur Beendigung des Konflikts bei, sondern die mittelamerikanischen Staaten selbst. Nachdem die Sandinisten selbst einer freien Wahl zugestimmt hatten, wurde ihr Führer Daniel Ortega 1990 abgewählt und durch die politisch gemäßigte Violetta Barrios de Chamorro ersetzt. Sie hatte zwar zum Anti-Somoza-Widerstand gehört, war aber 1979 wegen politischer Differenzen mit den Sandinisten ausgeschieden.

Nicht nur in Mittel-, sondern auch in Südamerika wurden während des Kalten Krieges in geheimen Operationen unerwünschte Regierungen aus dem «Hinterhof der USA» entfernt. In Chile wurde am 11. September 1973 der sozialistische Staatspräsident Salvador Allende Gossens in einem von der CIA geleiteten Staatsstreich beseitigt. Das Land hatte im Vergleich zu anderen lateinamerikanischen Staaten eine relativ lange demokratische Tradition. Ebenso wie in Guatemala waren hier jedoch starke wirtschaftliche Interessen des Auslands vertreten. Der chilenische Kupferbergbau wurde in erheblichen Teilen von US-Konzernen gehalten, ebenso wichtige Teile der Telekommunikation. Entsprechend hektisch reagierte man in Washington auf den Sieg der Sozialisten und Kommunisten über die Christdemokraten 1970. Bereits zwischen 1969 und 1973 waren etwa acht Millionen Dollar zur Schwächung Allendes eingesetzt worden, bevor man sich für den Sturz Allendes entschied. Nachfolgerin wurde eine der blutigsten Militärdiktaturen Südamerikas unter Augusto Pinochet Ugarte. Ihm fielen Tausende von vermeintlichen oder tatsächlichen Linken zum Opfer. Allende fand wahrscheinlich beim Bombenangriff auf den Präsidentenpalast im September 1973 den Tod.

Auch hier hatte der Ausgang des Kalten Krieges nur indirekt Einfluß auf das Ende der Diktatur. Pinochet hatte sich seine Präsidentschaft 1981 per Verfassung auf acht Jahre begrenzen lassen. Aus der Wahl 1989 ging der Christdemokrat Patricio Aylwin Azocar als Sieger hervor, der den Diktator im März 1990 ablöste. Pinochet blieb jedoch zunächst Armeechef. Das Ende des Kalten Krieges förderte aber immerhin eine erste Auseinandersetzung mit der Diktatur, die Mitte der neunziger Jahre begann.

4. Die Kuba-Krise 1962

Die wohl dramatischste Zuspitzung des Kalten Krieges insgesamt fand 1962 auf Kuba statt. Der Konflikt mit Kuba entwickelte sich ab 1961 parallel mit der Verschärfung der Situation in Berlin und Vietnam. Auch für Kuba traf die Monroe-Doktrin in vollem Umfang zu. Es wurde als traditionelles Einflußgebiet betrachtet. Bis zum 1. Januar 1959, als die Revolution Fidel Castros das Regime des korrupten, aber US-freundlichen Diktators Fulgencio Batista y Zaldivar wegfegte, war Kuba kurzfristig als Krisengebiet in Erscheinung getreten. Ame-

Karte 2: Sowjetische Raketenreichweiten auf Kuba

rikanische Interventionen fanden 1898 und 1914 statt. Bezeichnenderweise erfolgte der Eingriff 1914, um ein Übergreifen der
mexikanischen Revolution von 1910/11 zu verhindern.

Kennedys anfängliche Sympathie für die Revolution auf Kuba
wich bereits im Wahlkampf 1960 einer heftigen Anti-Castro-
Rhetorik. In seiner Regierungserklärung am 30. Januar 1961
wies er darauf hin, daß der ursprünglich positive Freiheitskampf
mittlerweile durch Kommunisten unterwandert sei. Ziel sei die
Einrichtung eines Moskauer Stützpunkts vor der amerikanischen Küste. Dies werde niemals akzeptiert werden.

Allgemein waren die Sympathien der amerikanischen Politik
spätestens in dem Moment vergeben, als Castro sich anschickte,

Karte 3: Amerikanische Raketenreichweiten in der Türkei

Wirtschafts- und Bodenreformpläne nach sozialistischem Muster umzusetzen. Von diesen waren auch US-Firmen betroffen.
Warum Castro sich den Sowjets annäherte, ist umstritten. Möglicherweise hat er das Zusammengehen mit den Kommunisten
auf Kuba als die einzige Chance betrachtet, sich an der Macht
zu halten. Nach CIA-Angaben waren bereits im Dezember 1959
ernsthafte Vorbereitungen für eine Ermordung Castros durch
den Geheimdienst in Planung.

Bereits Eisenhower genehmigte 13 Millionen Dollar für den
Umsturz auf Kuba, der dann unter Kennedy in der Schweinebucht 1961 scheiterte. Da die zugesagte Luftunterstützung
durch die USA weitgehend entfiel, hatten die am 15. April lan-

denden 1400 Exilkubaner militärisch keine Chancen. Nach drei Tagen gerieten etwa 1200 der Invasoren in Gefangenschaft. Für Kuba und den Ostblock war dies einer der größten Erfolge über die USA. Ein Ende der Pläne zur «Befreiung» Kubas bedeutete das nicht. Seit November 1961 liefen Vorbereitungen dafür unter dem Codewort «Operation Mongoose» («Mungo»). Im Januar 1962 wurde Kuba aus der Organisation Amerikanischer Staaten (OAS) ausgeschlossen, im folgenden Monat verhängte man ein totales Handelsembargo gegen die Insel.

Die mißlungene Operation in der Schweinebucht war mittelbar der Ausgangspunkt für die eigentliche Kuba-Krise im Oktober 1962. Seit Frühjahr 1962 spielte Chruschtschow mit dem Gedanken, Mittelstreckenraketen auf der Insel zu installieren. Sie erschienen ihm nicht nur als «logische Antwort» auf die erwartete neue Invasion, sondern auch als ideales Drohpotential in anderen politischen Fragen etwa in Mitteleuropa. In den Gesprächen, die Anfang Juli 1962 mit dem Bruder Fidel Castros, Raul Castro, in Moskau stattfanden, offerierte Chruschtschow den überraschten Kubanern die Atomraketen. Unter dem Druck Moskaus und in der Vorstellung, nicht mehr viel Zeit zur Vorbereitung der eigenen Abwehr zu haben, akzeptierte Castro den Plan, in aller Stille Mittelstreckenraketen auf der Insel aufzubauen. Immerhin sprach dafür, daß die USA Raketen mit ähnlicher Reichweite in der Türkei stationiert hatten (s. Karte 2, 3).

Die Raketen auf Kuba führten die Welt näher als alle anderen Krisen des Kalten Krieges an den Rand des Atomkriegs. Unter völliger Geheimhaltung – selbst der sowjetische Botschafter in Washington, Dobrynin, war nicht informiert – wurden die Vorbereitungen auf Kuba getroffen und die Raketen auf den Weg geschickt. Hier entdeckten amerikanische Aufklärungsflugzeuge im September 1962 die Abschußrampen. Am 22. Oktober forderte Kennedy Chruschtschow ultimativ auf, die Stellungen abzubauen und die Raketen in die UdSSR zurückzutransportieren. Zwei Tage später verhängten die USA eine Seeblockade gegen Kuba. Wie insbesondere die Tonbandmitschnitte der Krisensitzungen in Washington belegen, war Kennedy entschlossen, auch Atomwaffen einzusetzen. Am 27. und 28. Oktober erreichte die Krise ihren Höhepunkt. Nach einem geheimen Briefwechsel zwischen Chruschtschow und Kennedy wurde ein Handel geschlossen, bei dem beide Seiten das Gesicht wahren konnten: Die UdSSR sollte die Raketen von Kuba abziehen und die Rampen abbauen. Nach einigen Monaten würden die USA ihre Mittelstreckenraketen, die den europäischen Teil der Sowjetunion bedrohten, aus der Türkei zurückholen. Am Morgen des 28. Oktober wurde der Abzug der sowjetischen Raketen aus Kuba gemeldet. Castro fühlte sich allerdings als der Verlierer zwischen den Fronten der Supermächte. Eine gemeinsame Note der USA und der UdSSR an den UN-Generalsekretär U Thant beendete im Januar 1963 auch offiziell die Kuba-Krise.

VII. Entspannungsphasen des Kalten Krieges 1953–1980

1. Der «Geist von Genf»

Der Kalte Krieg wurde von zahlreichen Entspannungsphasen überlagert und abgeschwächt. Zeitweilig liefen Forcierung und Verhandlungen parallel. Selbst in der Hoch-Zeit der Entspannungspolitik, Mitte der siebziger Jahre, wurden allerdings die Annäherungen systematisch unterlaufen. Die UdSSR führte damals verdeckt neue Raketentypen ein und kümmerte sich nicht um Menschenrechtsvereinbarungen. In den USA war parallel eine neokonservative Anti-Entspannungs-Bewegung aktiv, der es schließlich über spezielle *Lobby*-Gruppen wie das «Committee on the Present Danger» (CPD) gelang, wieder eine offensivere Linie in der Politik durchzusetzen.

Entspannungspolitik im Kalten Krieg war niemals ein Selbstzweck. Sie war in der Regel der Versuch, einen Ausweg aus einer politischen oder wirtschaftlichen Zwangslage zu finden, ohne die eigene Sicherheit aufs Spiel zu setzen. Die erste Entspannungsphase begann daher unmittelbar, nachdem der Kalte Krieg seine erste heiße Etappe bereits durchlaufen hatte und in Korea

sogar militärisch geführt worden war. Ob die sogenannten «Sta-
lin-Noten» vom März und April 1952 bereits einen Versuch der
Entspannung bedeuteten oder einen simplen Versuch, die West-
bindung der Bundesrepublik zu torpedieren, blieb umstritten.
Stalin hatte damals den Westmächten offeriert, er sei bereit, sofort in Verhandlungen über einen Friedensvertrag mit Gesamtdeutschland einzutreten. Ein zukünftiges Deutschland sollte
demokratisch und neutral sein und auch eigene Streitkräfte
besitzen dürfen. Die ergänzende April-Note sah freie Wahlen für
ein gesamtdeutsches Parlament vor, deren Ablauf die vier alliierten Mächte beaufsichtigten sollten.

Auf eine Auslotung der Vorschläge Stalins ließ man sich im
Westen gar nicht erst ein. Ob sie bereits ein Entspannungssignal
waren, ist daher nur noch durch Indizien zu entscheiden. Das
wichtigste Indiz, das dagegen sprach, war Stalin selbst. Keiner
konnte sich vorstellen, daß gerade er zum Entspannungspolitiker geworden war. Ein wichtiger neuer Hinweis, daß die Sowjetunion zu diesem Zeitpunkt tatsächlich eine «Verschnaufpause»
brauchte, wie Zeitgenossen bereits damals vermuteten, eröffnete
sich aber durch die Freigabe neuer Akten aus Moskauer Archi-
ven. Sie machten überraschend deutlich, daß die «Kollektive
Führung», in der sich schließlich Chruschtschow durchsetzte,
nach dem Tod Stalins am 5. März 1953 gewillt war, noch einmal
die gleichen Angebote vorzulegen. Man diskutierte zwischen
März und Juni 1953 tatsächlich auch relativ offen über den Sinn
der DDR. Der Aufstand in der DDR am 17. Juni 1953 und die
mit ihm verbundene Furcht, nicht nur die Kontrolle über die Entwicklung, sondern auch ein wichtiges Faustpfand zu verlieren,
so die These, beendete diese Entspannungsphase. Immerhin aber
«entstalinisierten» die Sowjets ihre Außenpolitik in den folgenden Jahren weiter. So wurde bis 1955 die Aussöhnung mit Stalins
Intimfeind Tito vollzogen, und im selben Jahr zeigten die Sowjets, daß sie tatsächlich bereit waren, besetzte Gebiete freizuge-
ben. 1955 wurde Österreich neutralisiert. Umstritten blieb, ob
dies überhaupt mit dem geteilten Deutschland vergleichbar war.

Das schlichte Ignorieren der sowjetischen Vorstöße 1952/53
war auch im Westen nicht unwidersprochen geblieben. Außer

der Opposition in der Bundesrepublik hatte insbesondere der britische Premier Winston Churchill gedrängt, die Gunst der Stunde zu nutzen. Man solle einen neuen Anfang versuchen, schrieb er am 11. März 1953 in einem Brief an Eisenhower. Erst im Juli 1955 jedoch kam es zum Gipfeltreffen in Genf. Der «Geist von Genf» wurde zum Synonym für eine zur Schau getragene, politisch jedoch unverbindliche Bereitschaft zur Entspannung. Ein «Ende des Kalten Krieges» jedoch, wie der französische Ministerpräsident Edgar Faure glaubte, war die Genfer Gipfelkonferenz mit Sicherheit nicht.

In den harten Themen, wie der Deutschen Frage, hatte es in Genf überhaupt keine Bewegung gegeben. Wirkliche Ergebnisse wurden nur in Austauschprogrammen erzielt. Auch als man 1958 über einen Teststopp für atomare Waffen verhandelte, einigte man sich lediglich auf ein informelles Moratorium, was praktisch ohne Folgen blieb. Als sich Chruschtschow und Kennedy kurz vor dem Bau der Mauer im Juli 1961 in Wien trafen, war die internationale Politik vergiftet. Nach der Kuba-Krise 1962 setzte ein drastischer Ausbau der Rüstung ein. Bei den Interkontinentalraketen lag die UdSSR noch Mitte der achtziger Jahre eindeutig vorn (s. Tabelle 1).

Dennoch konnte man Anfang der sechziger Jahre in den innerdeutschen Beziehungen, aber auch international Fortschritte in der Entspannung verzeichnen. Noch 1962 konnte die Genfer Abrüstungskonferenz als Ausschuß von zunächst 18 Staaten (1978: 40 Staaten, 1990: 39 Staaten) etabliert werden. Das Jahr 1963 wurde dann zur wichtigen Zäsur. Im jetzt durch die Mauer geteilten Berlin wurde im Dezember das erste Passierscheinabkommen abgeschlossen. International führten die Erfahrungen der Kuba-Krise im selben Jahr zur Einrichtung eines «Roten Telefons», einer direkten Verbindung zwischen Weißem Haus und Kreml, und schließlich zur Unterzeichnung eines ersten wirklichen Vertrages über den Teststopp atomarer Waffen. Verboten waren nun Versuche im Weltraum, in der Atmosphäre und unter Wasser. 114 Staaten traten seitdem bei. 1976 wurde er durch das Verbot unterirdischer Kernexplosionen ergänzt. Ein umfassendes Ver-

Tabelle I: Der Bestand an strategischen Waffen 1986

USA				UdSSR			
System	Präsente Anzahl	Sprengköpfe je Träger	Sprengköpfe gesamt	System	Präsente Anzahl	Sprengköpfe je Träger	Sprengköpfe gesamt
ICBM a)				ICBM b)			
Minuteman II	450	1	450	SS-11	440	1	440
Minuteman III	527	3	1, 581	SS-13	60	1	60
MX	23	10	230	SS-17	150	4	600
				SS-18	308	10	3, 080
				SS-19	360	6	2, 160
				SS-25	100	1	100
Summe	1, 000		2, 261	Summe	1,418		6, 440
SLBM				SLBM			
Poseidon C-3	256	14	3, 584	SS-N-6	272	1	272
Trident C-4	384	8	3, 072	SS-N-8	292	1	192
				SS-N-17	12	1	12
				SS-N-18	224	7	1, 568
				SS-N-20	80	9	720
				SS-N-23	48	10	480
Summe	640		6, 656	Summe	928		3, 344
Summe (ICBM & SLBM):	1, 640		8, 917	Summe (ICBM & SLBM):	2, 346		9, 784
Bomber				Bomber			
B-52G/H (non-ALCM)c)	119	12	1,428	Bear H (ALCM)	50	20	1, 000
B-52G/H (ALCM)	144	20	2, 800	Bear (non-ALCM)	100	2	200
B-1	54	12	648	Bison	15	4	60
Summe (Bomber):	317		4, 956	Summe (Bomber):	165		1, 260
GESAMT	1, 957		13, 873	GESAMT	2, 511		11, 044

a) ICBM: Landgestützte Interkontinentalrakete mit über 5500 km Reichweite.
SLBM: U-Boot-gestützter Flugkörper.

b) Die UdSSR stationiert die SS-X-24 mit 10 Sprengköpfen je Rakete. Dies bedingt, um die SALT II-Grenze von 820 einzuhalten, die Entfernung anderer Mehrfach-Sprengkopf-Raketen.

c) ALCM: Luftgestützter Flugkörper.

Quelle: The Military Balance, 1987/88, London 1987, S. 225.

bot von Nukleartests konnte allerdings bis heute nicht durchgesetzt werden, aber 1991 wurden zur Überwachung eines kommenden Verbotes bereits seismische Stationen eingerichtet.

Für den Rüstungswettlauf des Kalten Krieges erwiesen sich die Entspannungsoffensiven als erstaunlich folgenlos. Die atomaren Kapazitäten wuchsen trotz der Verhandlungen und konzentrierten sich regelmäßig auf jene Waffensysteme, die von den Verträgen noch nicht erfaßt worden waren. Dies wurde vor allem in den siebziger Jahren in der Frage der Mittelstreckenraketen in Europa deutlich.

2. Friedliche Koexistenz, Strategie des Friedens und Neue Ostpolitik

Zum Inbegriff eines «Tauwetters» in den internationalen Beziehungen und im Ostblock wurde vor allem der XX. Parteitag der KPdSU (14.–25. 2. 1956). Bedeutungsvoller als Chruschtschows Abrechnung mit Stalins Verbrechen war für die internationalen Beziehungen die Abwendung von der Theorie der Unvermeidbarkeit von Kriegen und die Verkündung der Doktrin der «Friedlichen Koexistenz» zwischen den Systemen. Obwohl die Formel zeitweilig zum reinen Lippenbekenntnis wurde, öffnete sie langfristig den Weg zu außenpolitischen Konzessionen. In der Sache glaubte Chruschtschow 1956, aus einer Position der Stärke zu argumentieren, und die Erfolge der sowjetischen Wissenschaft schienen ihm in den nächsten Jahren recht zu geben. Daß die Doktrin keineswegs defensiv gemeint war, hat insbesondere Breschnew im Zusammenhang mit dem Einmarsch in der ČSSR 1968 unterstrichen.

Der amerikanische Gegenentwurf war die von Kennedy am 10. Juni 1963 in einer Ansprache in der Georgetown-Universität in Washington verkündete «Strategie des Friedens». Inhaltlich griff sie auf eine zwei Jahre zuvor gehaltene Sonderbotschaft vor dem US-Kongreß zurück. Bereits damals war der Vorrang politischer Lösungen und der Verzicht auf den atomaren Erstschlag in den Mittelpunkt gestellt worden. Man wolle das US-System keinem Volk gegen dessen Willen aufzwingen, hatte Kennedy betont, aber man sei willens, mit jedem anderen System in einen friedlichen Wettstreit zu treten.

Vor allem in der festgefahrenen deutsch-deutschen Politik wies Kennedys Aufforderung einen Ausweg. In Westberlin, wo seit Februar 1963 ein sozialliberaler Senat unter Willy Brandt regierte, der von den Amerikanern ausdrücklich unterstützt wurde, berief man sich auf Kennedy, als man begann, der Bonner «Politik der Stärke» eine aktive Verständigung mit der DDR entgegenzusetzen. Sie wurde vom Presseamtschef des Senats, Egon Bahr, in einem berühmten Vortrag am 15. Juli 1963 im bayerischen Tutzing in die Formel «Wandel durch Annäherung» gekleidet. «Die amerikanische Strategie des Friedens», so Bahr, «läßt sich auch durch die Formel definieren, daß die kommunistische Herrschaft nicht beseitigt, sondern verändert werden soll». Die Änderung diene der Überwindung des *Status quo*, indem dieser zunächst nicht verändert werden solle. Mit deutlichem Bezug auf die Praxis der Befreiungspolitik des letzten Jahrzehnts hatte Bahr betont, daß eine Politik des Alles oder Nichts in Zukunft ausscheide. Jede Änderung im Ostblock sei nur mit Zustimmung der dortigen Machthaber zu erreichen. Erfolgversprechend erscheine der Weg, den Kennedy vorgegeben habe, so viel Handel mit den Ostblockstaaten zu treiben, wie es möglich sei, ohne die eigene Sicherheit zu gefährden. Als erfolgversprechende Zeichen interpretierte Bahr die Tatsache, daß hinter dem Eisernen Vorhang der Konsumwunsch wachse und weitere Bindungen mit dem Westen nach sich ziehe.

Aus den begrenzten Ansätzen der Westberliner Entspannungspolitik entwickelte sich unter der Führung des ab 1969 amtierenden sozialdemokratischen Bundeskanzlers Willy Brandt die Neue Ostpolitik. Gegen harte Widerstände vor allem der Christdemokraten und der Vertriebenenverbände wurden bis 1973 vier Verträge mit den Osteuropäern und der Sowjetunion abgeschlossen: der Gewaltverzichtsvertrag mit der UdSSR (12. 8. 1970), die Grundlagenverträge mit Polen (7. 12. 1970) und der DDR (21. 12. 1972) sowie der Vertrag über die Beziehungen mit der Tschechoslowakei (11.12.1973). Sie galten bis zur Ablösung durch den Zwei-Plus-Vier-Vertrag am 12. September 1990. Zur Durchsetzung der Ratifizierung im Bundestag wandte die sozialliberale Koalition einen Trick an: Man koppelte das 1971 abgeschlossene Vier-Mächte-Abkommen für Berlin, das mehrheitlich gewünscht war, mit den Brandtschen Ostverträgen, womit es der Opposition unmöglich war, das Gesamtpaket abzulehnen. Trotzdem ging der Bruch – wie bereits in der Auseinandersetzung um die Verträge zur Westintegration – quer durch die Parteifronten. Aus der Regierungskoalition schieden allein zehn Abgeordnete aus. Mit ihnen kippte auch die sozialliberale Mehrheit im Bundestag. Gleichzeitig gab es Gegner, die verdeckt die Verträge torpedierten. Man hat in den ersten anderthalb Jahren der sozialliberalen Koalition allein 54 Fälle von Geheimnisverrat gezählt, die wahrscheinlich aus der Zusammenarbeit von SED-«Westarbeit» und westlichem Nachrichtendienst resultierten. Mutmaßlich waren sogar der amerikanische Geheimdienst CIA und der deutsche Bundesnachrichtendienst beteiligt, als Geheimpapiere der Regierung gezielt der konservativen Presse zugespielt wurden. Allerdings war auch die CDU/CSU nicht geschlossen in ihrer Ablehnung. Das Mißtrauensvotum gegen Brandt scheiterte, weil sich zwei CDU-Abgeordnete nicht an die Fraktionsdisziplin hielten. Man weiß mittlerweile auch in diesem Fall, daß die DDR-«Westarbeit» dabei war: Das MfS bestach den CDU-Abgeordneten Julius Steiner und konnte damit in der bundesdeutschen Innenpolitik einmal mehr – jedoch nur punktuell – mitmischen.

Auch in den USA wurde heftig um die Ostverträge gestritten. Durch die *Lobby*-Arbeit der westdeutschen Vertriebenenorganisationen bei rechtskonservativen Kongreßabgeordneten konnte hier zusätzlich Stimmung gemacht werden. Insgesamt hatten sich auf Intervention der Vertriebenen 1972 fünf US-Senatoren und elf Abgeordnete des Repräsentantenhauses gegen Brandts Ostpolitik ausgesprochen. Es war noch eine Minderheit, die sich gegen die Entspannungspolitik wandte, die aber seit Mitte der siebziger Jahre immer stärker wurde.

**Tabelle 2: Bilaterale Rüstungsbegrenzungs- und Rüstungskontrollabkommen
zwischen den USA und der UdSSR 1963–1990**

Ab-schluß	Inkraft-treten	Abkommen	Inhalt
1963	1963	Vereinbarung eines „heißen Drahtes"	errichtet eine direkte Nachrichtenverbindung zur Verwendung im Notfall
1971	1971	Vereinbarung der Modernisierung des „heißen Drahtes"	ergänzt „heißen Draht" durch zwei zusätzliche Schaltungen über je ein Kommunikations-satelliten-System und durch ein System vielfacher Empfangsstationen in beiden Ländern
1971	1971	Vereinbarung über Atomunfälle	regelt Maßnahmen, um das Risiko des Ausbruchs eines Atomkrieges zu verringern, einschl. Sicherungen gegen ungewollten Kernwaffengebrauch
1972	1972	Vereinbarung zur Verhinderung von Zwischenfällen auf dem offenen Meer	sorgt für Maßnahmen, um die Sicherheit der militärischen Navigation auf und von Flügen über dem offenen Meer zu garantieren
1972	1972	SALT I: ABM-Abkommen	begrenzt Bereitstellung der Systeme zur Abwehr ballistischer Flugkörper auf zwei Standorte in jedem Land
1972	1972	SALT I: Interims-abkommen	begrenzt die Gesamtzahl bestimmter strategischer Angriffswaffen beider Vertragspartner (ICBM und SLBM)
1973	1973	Protokoll zur „Offenen Meer"-Vereinbarung	verbietet vorgetäuschte Angriffe von Schiffen und Flugzeugen einer Vertragspartei und nichtmilitärischen Schiffen der anderen Partei
1973	1973	Vereinbarung zur Verhinderung eines Atomkrieges	sorgt für Zurückhaltung und dringende Konsultationen, um die Gefahr eines Atomkrieges abzuwenden
1974	*	Atomteststopp-vertrag (Schwellenvertrag)	begrenzt unterirdische Atomwaffentests auf eine Sprengkraft bis zu 150 KT, ausgenommen Tests zu friedlichen Zwecken
1976	*	Atomteststopp-vertrag (PNE-Vertrag)	begrenzt unterirdische Atomtests zu friedlichen Zwecken
1979	*	SALT II-Vertrag	begrenzt die Zahl der nuklear-strategischen Angriffswaffen
1979	*	SALT II-Protokoll	begrenzt die Dislozierung und/oder Erprobung von mobilen Interkontinentalraketen sowie bestimmter Marschflugkörper bis zum 31. Dezember 1981
1987	1987	INF-Vertrag	Abbau der Mittelstreckenraketen**
1990	1990	KSZE-Vertrag	Reduzierung der Streitkräfte in Europa

* nicht in Kraft; beide Staaten halten sich jedoch an die Vertragsbestimmungen
** Ergänzung der Redaktion

Quelle: Buchbender, Bühl, Quaden: Sicherheit und Frieden. Handbuch der weltweiten sicherheitspolitischen Verflechtungen, Herford 1983, S. 325.

3. Internationale Abrüstungskonferenzen

Seit 1969 war auch international der Wunsch gewachsen, zu Abrüstung und mehr Entspannung zu kommen. Der seit 1965 immer heftiger tobende Vietnam-Krieg und die Niederschlagung des «Prager Frühlings» durch die Sowjetunion 1968 hatten sich dabei nicht negativ ausgewirkt, sondern eher die Einsicht in die Notwendigkeit solcher Schritte wachsen lassen. Absichtserklärungen des Warschauer Pakts waren zum Beispiel die Bukarester Deklaration von 1966 und der Budapester Appell 1967, im Westen der «Harmel-Bericht» der NATO von 1967. Von 1963 bis 1990 führten die Verhandlungen zu verschiedenen bilateralen Rüstungsbegrenzungs- und Rüstungskontrollabkommen zwischen den USA und der UdSSR (s. Tabelle 2).

Für den Warschauer Pakt spielte die erreichte Parität bei den teuren Interkontinentalraketen eine wichtige Rolle. Diesen Gleichstand wollte man festschreiben. Darüber hinaus bestand die Notwendigkeit, sich mit dem Westen über den Import von Produkten mit Einfuhrbeschränkungen zu einigen. Seit 1948 durften Waren nicht mehr legal aus dem Westen ausgeführt werden, die für die Rüstung des Gegners verwendbar waren. Auch der Konflikt mit Peking und die Furcht, der Westen könne den Ausgleich mit den Chinesen suchen – wie es dann 1971/72 auch tatsächlich geschah – ließ den Willen zur Abrüstung wachsen.

Im Westen war es ebenfalls ein ganzes Bündel von Motiven, das die reale Reduzierung der Rüstung ermöglichte: Eine wachsende «Kriegsmüdigkeit» angesichts der ständigen Bedrohung, die hohen Kosten und nicht zuletzt der mangelnde Erfolg der bisherigen Politik. In den USA begünstigten innenpolitische Probleme das Umdenken: Der Konflikt fraß Ressourcen, während gleichzeitig soziale Probleme unkontrollierbar wuchsen. Der Vietnam-Krieg spielte eine besondere Rolle, da er auch in verbündeten Ländern umfassende Proteste auslöste und sich als Problem für die Einheit des Bündnisses erwies.

Es ist allerdings schwierig, den realen Einfluß dieser «68er-Bewegung» auf die Verhandlungsbereitschaft der Supermächte zu rekonstruieren. Selbst die Frage, ob die zunehmenden Widerstände in der Bevölkerung gegen das amerikanische Engagement in Südostasien tatsächlich zum Ende dieses Krieges beitrugen, ist umstritten. Langfristig wichtig wurde jedoch die umfassendere Politisierung der Bevölkerung im Westen. Von den «Achtundsechzigern» führte eine direkte Linie zur neuen Friedensbewegung der siebziger und achtziger Jahre, die sich erfolgreich gegen einen erneuten Rüstungswettlauf wandte.

Für die Supermächte begann die Abrüstung mit den Verhandlungen zur Begrenzung der strategischen Rüstung (SALT). Sie waren bereits 1968 zwischen US-Präsident Johnson und dem sowjetischen Ministerpräsidenten Kossygin verabredet, dann aber durch die Niederschlagung des «Prager Frühlings» durchkreuzt worden. Der sowjetische Regierungschef Leonid Breschnew und der amerikanische Präsident Richard Nixon unterzeichneten am 26. Mai 1972 den ersten Vertrag (SALT I). In ihm wurde die Begrenzung der ballistischen Raketenabwehrsysteme und der strategischen Offensivwaffen (ICBM, SLBM) festgelegt. 1977 wurde der Vertrag verlängert. Es ging dabei nicht um die Abschaffung der atomaren Bedrohung, sondern im Gegenteil um die Aufrechterhaltung des Gleichgewichts, das man immer noch als friedenssichernd verstand. Gewinnbar sollte der Atomkrieg für keine Seite werden. Erst durch die Ankündigung der Strategischen Verteidigungsinitiative (SDI) am 13. März 1983 durch US-Präsident Reagan wurde diese Abmachung in Frage gestellt.

Der Erfolg der ersten Runde führte noch unter Nixon und seinem Außenminister Kissinger zu den SALT-II-Gesprächen, die am 25. September 1973 in Genf eröffnet wurden. Die dort verhandelte Begrenzung von weiteren mobilen Raketensystemen, vor allem im Mittelstreckenbereich, erwies sich als wesentlich komplizierter. Die Verträge konnten erst am 18. Juni 1979 von US-Präsident Jimmy Carter und dem sowjetischen Staatsoberhaupt Leonid Breschnew unterzeichnet werden. Die Ratifizierung wurde allerdings wegen des sowjetischen Einmarsches in Afghanistan und der damit einhergehenden erneuten Verschärfung des Kalten Krieges ausgesetzt.

SALT I und die westdeutschen Ostverträge öffneten 1972

aber auch den Weg zu einer Konferenzserie über europäische Sicherheitsfragen. Die «Konferenz über Sicherheit und Zusammenarbeit in Europa» (KSZE), die am 22. November 1972 begonnen wurde, endete am 1. August 1975 mit der sogenannten Schlußakte von Helsinki. In ihr wurden unter anderem vertrauensbildende Maßnahmen, Prinzipien der internationalen Zusammenarbeit und wirtschaftlich-wissenschaftliche Kooperation vereinbart. Die Ostblockstaaten stimmten auch dem Passus über mehr Freizügigkeit und Menschenrechte zu. In den folgenden Jahren beriefen sich immer mehr der dort gegründeten Menschenrechtsgruppen, wie «Charta 77» in der ČSSR, auf die Schlußakte. Am 31. Januar 1973 wurden zusätzlich Verhandlungen über «beidseitige und ausgewogene Truppenverminderung» eröffnet (MBFR). Sie blieben allerdings bis 1990 ohne greifbare Ergebnisse.

In der Wahrnehmung der Supermächte blieben die europäischen Initiativen zweitrangig. Die USA zeigten sich zunächst desinteressiert, und die Sowjets hielten sich faktisch nicht an die KSZE-Vereinbarungen. Dies änderte sich mit der Wahl Carters zum US-Präsidenten. Nach der ersten KSZE-Folgekonferenz 1977 wurden die Menschenrechte zu einem wirksamen Hebel der amerikanischen Politik, da die UdSSR sehr sensibel auf die Veröffentlichung von Menschenrechtsverletzungen reagierte. Dies war bereits in den Jahren zuvor erkennbar geworden.

Für Carter war die Entspannungspolitik in der Verknüpfung mit der Menschenrechtsfrage der Schwerpunkt seiner Politik. Umso schwerwiegender war der Rückschlag, als 1977 die Stationierung von sowjetischen Mittelstreckenraketen vom Typ SS-20 in Mitteleuropa bekannt wurde und sich insgesamt im Westen der Eindruck einstellte, als behandle Moskau die Abrüstungsfragen nur als weiteres Schlachtfeld der Machtpolitik. Im Kreml wiederum betrachtete man die Einführung der SS-20 als legitime Modernisierung, aber auch als Gegengewicht gegen überlegene westliche Flugzeugtypen.

Zur Zäsur wurde die Rede von Bundeskanzler Helmut Schmidt im Oktober 1977 in London. Er forderte die Ausweitung der Rüstungsbeschränkung auf Europa, faktisch also einen

Abzug der sowjetischen Raketen, oder aber eine «Nachrüstung» bei den NATO-Mittelstreckenwaffen. Dies alles erwies sich als Wasser auf die Mühlen der Entspannungsgegner auf beiden Seiten: Seit 1975 waren sie in den USA immer deutlicher zu vernehmen gewesen und konnten bereits auf dem Nominierungsparteitag der Republikaner den Kandidaten Gerald Ford zwingen, vom Begriff «Entspannung» abzurücken und ihn durch den Terminus «Frieden durch Stärke» zu ersetzen. Aber auch im Kreml waren die «Falken» immer deutlicher zu vernehmen, zumal man auch hier argwöhnte, die andere Seite benutze Entspannungspolitik lediglich als Waffe im Kalten Krieg. Besonders argwöhnisch beäugte man Carters Sicherheitsberater, den gebürtigen Polen Zbigniew Brzezinski. Mit dessen Beratung spielte Carter dann tatsächlich die «chinesische Karte». Mit Wirkung vom 1. Januar 1979 gab Washington die Aufnahme diplomatischer Beziehungen zu Peking bekannt.

Am 12. Dezember 1979 folgte der lange erwartete NATO-Doppelbeschluß, demzufolge die Nachrüstung durch Pershing-II-Raketen 1983 beginnen sollte, wenn es keine Verhandlungen zu den Mittelstreckenwaffen gäbe. Als kurz danach die Sowjetunion in Afghanistan einmarschierte, war dies gleichbedeutend mit dem einstweiligen Ende der Entspannung. Der Kalte Krieg ging in eine neue, diesmal wieder offensive Runde.

VIII. Die Rückkehr zur Konfrontation seit 1979

1. Der sowjetische Einmarsch in Afghanistan

Das internationale Klima zwischen den Supermächten war bereits weitgehend zerstört, als die Sowjetunion sich am 24. Dezember 1979 entschloß, in Afghanistan einzumarschieren. Carter sah seine Abrüstungsbemühungen diskreditiert und fühlte sich auch persönlich hintergangen. Trotzdem rang er noch hart darum, daß der am 18. Juni 1979 in Wien unterzeichnete SALT-

II-Vertrag im Kongreß ratifiziert werden konnte. Es mißlang, weil der Begriff der Entspannung bereits zum Unwort geworden war. Die Gegner hielten sie schlicht für eine Neuauflage der *Appeasement*-Politik der dreißiger Jahre. Carter selbst forderte Ende 1979 die massive Erhöhung der US-Verteidigungsausgaben um jährlich fünf Prozent. Hochgerechnet hätte dies für 1985 einen Verteidigungshaushalt von 265 Milliarden Dollar bedeutet. Sein ab 1981 amtierender republikanischer Nachfolger Ronald Reagan, der die Politik der Stärke zu seinem Markenzeichen machte, konnte deshalb an dieser Grundsatzentscheidung anknüpfen. Der reale Umfang der Verteidigungsausgaben betrug 1985 knapp 287 Milliarden Dollar. Gleichzeitig veranlaßte bereits Carter den Einstieg in eine neue Generation von Interkontinentalraketen (MX), die mit einem einzigen Träger zehn Sprengköpfe ins Ziel bringen konnten. Sie stellten gleichzeitig die bisherigen Abrüstungsabkommen in Frage.

Der in den USA von den Verfechtern der harten Linie beklagte Niedergang der amerikanischen Autorität in der Weltpolitik ließ sich ab November 1979 tatsächlich Tag für Tag in den Medien beobachten. Am 16. Januar des Jahres war der von den USA durch eine CIA-Aktion 1953 ins Amt zurückgeholte persische Diktator, Schah Reza Pahlewi, gestürzt worden. Am 3. Februar 1979 war im Iran die Islamische Republik ausgerufen worden. Das neue Staatsoberhaupt, der Ayatollah Ruhollah Mussavi Khomeini, präsentierte den «US-Imperialismus» als zentrales Feindbild. Bereits am 14. Februar wurde die amerikanische Botschaft in Teheran kurzfristig besetzt. Am 4. November folgte eine großangelegte Geiselnahme. Über einhundert US-Diplomaten wurden 444 Tage, bis zum Januar 1981, festgehalten. Der erniedrigten Supermacht blieben die Hände gebunden.

Die für alle sichtbare Demütigung führte zu langfristigen politischen Entscheidungen, die weit über den Kalten Krieg hinaus bis in das 21. Jahrhundert reichten. Insgesamt gesehen reagierte Carter aber keineswegs unüberlegt. Die Ölproduktion der Region war für die Weltwirtschaft von enormer Bedeutung. Deshalb suchte Washington trotz demütigender Begleitum-

stände nach Stabilisierung. Sorge machte die Möglichkeit, daß
die Sowjetunion wie in Afrika versuchen könnte, auch am Persischen Golf mehr Einfluß zu gewinnen. An sie war auch die
am 23. Januar 1980 verkündete «Carter-Doktrin» gerichtet:
Ein solcher Versuch einer auswärtigen Macht, hieß es dort,
werde als «Angriff auf die lebenswichtigen Interessen der Vereinigten Staaten betrachtet» und «unter Einsatz aller notwendi-
gen Mittel, einschließlich militärischer Macht, zurückgewiesen
werden».

In der Region war es auch ohne einen direkten sowjetischen
Eingriff brisant. Zwar hatte Carter die Einstellung amerikanischer Waffenlieferungen an den Iran angeordnet. Aufgrund der
Waffenlieferungen an den Schah war das Land aber hochgerü-
stet. Auch sein Nachbar Irak hatte in den Jahren zuvor Waffen
aus dem Westen, aber auch aus dem Osten erhalten. Während
des im gleichen Jahr beginnenden iranisch-irakischen Krieges
1980 bis 1988 (1. Golfkrieg), der durch den Angriff Bagdads
ausgelöst wurde, um alte Grenzfragen zu lösen, sah Washington
den irakischen Diktator zumindest als temporären Verbündeten. Saddam Hussein erhielt seit Frühjahr 1982 Waffen und
Aufklärungsdaten. Wie man heute weiß, lieferten die USA damals auch die Grundstoffe für jene Massenvernichtungswaffen,
die in den Golfkriegen, aber auch noch zwanzig Jahre später als
eine erhebliche Bedrohung wahrgenommen wurden.

Der Iran wurde gleichzeitig von den USA gezielt von Waffenlieferungen ausgeschlossen. Eine Ausnahme bildeten die 1981
und 1985 gescheiterten Bemühungen, Waffen gegen US-Geiseln
zu tauschen. 1986 wurde zudem in der sogenannten Iran-
Contra-Affäre aufgedeckt, daß versucht worden war, durch
illegale Waffengeschäfte mit dem Iran Geld für die Unterstützung der rechtsgerichteten Contras in Nicaragua zu erwirt-
schaften.

Letztendlich züchteten sich die USA durch die Unterstützung
des zunehmend unkontrollierbaren irakischen Diktators einen
neuen Konfliktherd heran. Dieser wurde jedoch erst am Ende
des Kalten Krieges sichtbar. Während der traditionelle Systemkonflikt zerfiel, entstand aus dem Überfall Iraks auf das be-

nachbarte Kuwait am 2. August 1990 und dem nachfolgenden Krieg des Westens gegen Bagdad Anfang 1991 ein dauerhafter Konflikt.

Auch den sowjetischen Einmarsch in Afghanistan 1979 konnte man als Ausdruck der amerikanischen Schwäche interpretieren. Trotz fünfmaliger Warnung aus den USA überquerten sowjetische Truppen am 25. Dezember die Grenze und besetzten wenige Tage später die Hauptstadt Kabul. Nach außen beharrte Breschnew auf der Version eines afghanischen Hilfeersuchens. Aber auch in Moskau war der Eingriff in den zumindest formal unabhängigen Staat umstritten. Wie man heute weiß, äußerte sich auch die Führung der Roten Armee skeptisch, ob ein Krieg in diesem Land zu gewinnen sei. Deutlich stand den sowjetischen Generälen das Beispiel Vietnam vor Augen. Breschnew ließ sich wohl erst durch das Argument überzeugen, daß der islamische Widerstand gegen das Regime in Kabul ein ernstes Sicherheitsproblem für die angrenzenden Sowjetrepubliken sein könne.

In Afghanistan putschten die Kommunisten 1978 und beendeten die seit 1973 verfolgte Blockfreiheit. Die neue Regierung unter Präsident Mohammed Taraki und Premier Hafizullah Amin hatte gegen den Widerstand vor allem der islamischen Geistlichen und der Stammesoberhäupter unter anderem eine Boden- und Landreform eingeleitet. Im Land war die Front der Konservativen rasch gewachsen. Die afghanischen Stämme stellten dann auch die etwa dreißig islamischen Guerillagruppen («Mudjahedin»), die sich langfristig als die größte Gefahr für die sowjetische Besatzung herausstellten. Zu den Konflikten mit den Islamisten gesellten sich Rivalitäten innerhalb der afghanischen Regierung. Taraki fiel am 8. Oktober 1979 seinem Gegenspieler Amin zum Opfer, der wiederum am 27. Dezember beim Einmarsch der Sowjets durch ein KGB-Kommando liquidiert wurde. Amin war von den Sowjets verdächtigt worden, das Land den Amerikanern zu öffnen. Zuvor hatte auch Amin – zuletzt am 17. Dezember – gebeten, sowjetische Truppen zu schicken. Sein Nachfolger Babrak Karmal erwies sich ebenfalls als unfähig, den islamischen Widerstand zu brechen.

Für den Kalten Krieg war die Situation brisant. Bereits im März 1979 war das 1960 zur Stabilisierung der Region gegründete prowestliche Bündnis CENTO, dem auch Afghanistan und die USA angehörten, zerbrochen. Der Iran unterstützte die Mudjahedin, was wiederum nicht nur die USA, sondern auch Moskau beunruhigte. Man befürchtete dort neben Problemen in den benachbarten islamischen Sowjetrepubliken auch ein Eingreifen des islamischen, jedoch prowestlichen Pakistan. Pakistan wiederum war nicht nur eng an Washington gebunden, sondern erhielt mehr oder minder offen Unterstützung aus China.

Die USA reagierten auf zweifache Weise auf den Einmarsch in Afghanistan. Die offiziellen Proteste gipfelten 1980 im Boykott des Westens bei den Olympischen Spielen in Moskau. Vier Jahre später revanchierten sich die Sowjets dafür bei den Spielen in Los Angeles. Die inoffizielle US-Reaktion bestand in einer geheimen, kontinuierlichen Unterstützung der antikommunistischen Widerstandsgruppen, die unter Reagan dann erhebliche Ausmaße annahm.

2. Konservative Wende in den USA: Die «Reagan-Doktrin»

Der gescheiterte demokratische Entspannungspolitiker Carter öffnete nicht nur den Weg für den republikanischen *Hardliner* Ronald Reagan, sondern auch für eine Renaissance der *Liberation Policy* der fünfziger Jahre. Reagan selbst hat den Rückgriff auf die fünfziger Jahre immer wieder betont. Am direktesten 1983, als er einem der zentralen Theoretiker der Befreiungspolitik, James Burnham, die höchste zivile Auszeichnung der USA verlieh. Deutlich sah man auch seine geistige Verwandtschaft mit John Foster Dulles. Dessen quasi-religiöse Deutung des Kalten Krieges fand sich kontinuierlich auch in Reagans öffentlichen Äußerungen. In seiner berühmten Rede in Orlando am 8. März 1983 sprach Reagan vom Kommunismus als dem «Mittelpunkt des Bösen in der modernen Welt». Der Kalte Krieg sei ein «Kampf zwischen Recht und Unrecht, zwischen

Gut und Böse». Auch andere alte Kämpfer der Befreiungspolitik wurden geehrt: 1983 konnte der über siebzigjährige Vertreter des ukrainischen «Antibolschewistischen Blocks der Nationen» (ABN), ehemals OUN, Jaroslaw Stetzko, an einem Empfang im Weißen Haus teilnehmen und wurde von Reagan persönlich begrüßt. Zu dessen Tod sandte Reagan ein offizielles Beileidstelegramm.

Nicht nur in Afghanistan, sondern auch in anderen Ländern der Dritten Welt setzten die USA unter Reagan zur Offensive an. Amerikanischer Nachschub für die Mudjahedin wurde über Pakistan und China sowie wahrscheinlich 1986 auch über den Iran ins Land gebracht. Dazu gehörten neben militärischer Ausrüstung für etwa 200000 bis 300000 Kämpfer auch die hochmodernen Boden-Luft-Raketen vom Typ Stinger, deren erfolgreichen Einsatz sich Reagan auf Videofilmen im Weißen Haus vorführen ließ.

Die «Reagan-Doktrin» von 1986 bildete die ideologische Basis für die Rückkehr zur amerikanischen Offensivpolitik, die in Afghanistan nur einen ihrer Schauplätze fand. Sie konstatierte ein unverändertes sowjetisches Streben nach Weltherrschaft. Tatsächlich wurde die amerikanische Offensivpolitik in Afghanistan erfolgreich. Zwei Drittel der afghanischen Armee lief zu den Rebellen über. Die sowjetfreundliche Regierung in Kabul war zunehmend isoliert. Ende des Jahres 1987 teilte die Moskauer Führung unter ihrem neuen Generalsekretär Michail Gorbatschow der afghanischen Regierung unter Mohammed Najibullah mit, daß die sowjetischen Truppen innerhalb der nächsten zwei Jahre abgezogen werden würden. Der Rückzug der Roten Armee war im Februar 1989 abgeschlossen. Mit dem Ende der sowjetischen Besetzung endete auch die US-Waffenunterstützung. Am Ende stand 1997 ein islamischer Staat Afghanistan, der sich sowohl westlicher als auch russischer Kontakte entzog und weltweit islamische Extremisten unterstützte. Auch hier waren die langfristigen Folgen erheblich. Islamische Terroristen nutzten seit Anfang der neunziger Jahre Afghanistan als Rückzugsraum. Erst Jahre später wurde erkennbar, daß die Unterstützung von Islamisten sich auch zum Nachteil der USA auswirkte. Am deutlichsten zeigte sich dies am 11. September 2001 beim Anschlag auf das World Trade Center in New York.

Daß mit der Reagan-Administration eine neue offensive Qualität in die US-Außenpolitik eingezogen war, zeigte sich auch in den militärischen Interventionen durch reguläre US-Truppen in Grenada im Oktober 1983 und in Honduras im März 1988. Weitere militärische Invasionen fanden zusammen mit den Franzosen, Briten und Italienern im Libanon 1982, in Panama 1989 und in Kuwait 1990 statt. Wichtiges Motiv blieb die Befriedung einer Region oder – wie im Fall Panama – der Wille, einen politisch unzuverlässig gewordenen Diktator abzusetzen.

Dieselbe politische Philosophie wie bei Reagan fand sich in den Äußerungen seines Außenministers und Nachfolgers George Bush nach dem Beginn der irakischen Invasion in Kuwait am 2. August 1990. Nicht zu übersehen war, daß der Zweite Golfkrieg in der Form, wie er stattfand, nur in der Dritten Welt und speziell nur am Ende des Kalten Krieges geführt werden konnte. Man plante den Konflikt von Anfang an als eine begrenzte Polizeiaktion zur Wiedereinsetzung der legitimen Regierung. Die UdSSR griff nicht ein, und es fanden auch keine sowjetischen Waffenlieferungen an den Irak statt. Internationale Verwicklungen, wie es sie etwa im Suez-Konflikt 1956 gegeben hatte, standen hier nicht mehr zu befürchten.

3. Mittelstreckenraketen, SDI und die neue Rolle der Friedensbewegung

Washington stellte bereits in den siebziger Jahren fest, daß seine europäischen Verbündeten sich trotz der Warnung vor der sowjetischen Überlegenheit bei weitem nicht auf US-Kurs befanden. Bereits die gegen die Amerikaner gerichtete Kritik der «68er» war als grober Undank empfunden worden. Mit den Westeuropäern kam es nach Reagans Amtsantritt 1981 zu einer der schwersten Bündniskrisen seit den fünfziger Jahren, als diese gegen den Widerstand der USA versuchten, mit der Sowjetunion ein Kompensationsgeschäft durchzuführen, in dem Röhren gegen Erdgas getauscht werden sollten. Nach US-Interpretation lag darin ein unerwünschter Zugang der UdSSR zu westlicher Technologie, den man nun verstärkt zu verhindern suchte. Das Röhrengeschäft kam zustande, aber es gelang den USA bis Ende 1983, die westeuropäisch-sowjetische Zusammenarbeit weitgehend zu kappen.

Offenkundig waren die Probleme zwischen den USA und Westeuropa auch bei der «Nachrüstung». An dieser Stelle wurde zum wiederholten Male deutlich, daß noch immer Europa und insbesondere das geteilte Deutschland im Mittelpunkt des Kalten Krieges stand. Zudem wurde erneut erkennbar, daß der Kalte Krieg zu einem wesentlichen Teil eine Auseinandersetzung um die öffentliche Meinung war. In Europa führte der NATO-Nachrüstungsbeschluß fast schlagartig zu einer von vielen Gesellschaftsgruppen getragenen Friedensbewegung, die sich wie in den fünfziger Jahren vor allem gegen die USA richtete. In der Wahrnehmung vor allem der deutschen Friedensbewegung erhöhte die Nachrüstung und die Ankündigung der Strategischen Verteidigungsinitiative die Gefahr eines atomaren Krieges. Vor allem auch in der SPD, die durch Helmut Schmidts Einsatz für den NATO-Doppelbeschluß zumindest teilweise gespalten wurde, in der Gewerkschaftsbewegung sowie in den Kirchen wuchs in den achtziger Jahren erneut der Widerstand gegen die Bündnis- und Militärpolitik der Bundesregierung. Der Protest wurde nach der Wahl Helmut Kohls zum Bundeskanzler am 6. März 1983 noch stärker.

Die Kritik war nicht zuletzt eine Folge der sich auch in den USA abzeichnenden Müdigkeit angesichts der ständigen Bedrohung durch die atomare Vernichtung. Es hatte zwar schon vorher teilweise breiter angelegte Anti-Kriegs- und auch Anti-USA-Bewegungen gegeben. Neu war, daß man die Fronten des Kalten Krieges jetzt nicht mehr fraglos hinnahm. Die Bewegung mischte in der Bundesrepublik und Westeuropa nicht nur eine ganze Reihe von bestehenden politischen Strömungen miteinander – Kriegsdienstverweigerer, Kernkraftgegner –, sondern nahm auch unpolitische Bevölkerungsgruppen auf. Selbst in den USA war die Zahl der Amerikaner, die eine weitere Aufrüstung befürworteten, seit Ende 1981 beständig zurückgegangen. Hatten 1980 noch 56 Prozent eine weitere Rüstung befürwortet, so waren es Ende 1981 noch 14 Prozent. Parallel dazu wuchs auch hier die sogenannte *Freeze*-Bewegung, die den Stopp der Atomwaffenrüstung forderte.

Reagan trug diesem Protest in seinem Wahlkampf insofern Rechnung, als er am 16. Januar 1984 in einer Fernsehansprache erklärte, die Meinungsverschiedenheiten mit der UdSSR seien zwar nach wie vor erheblich, aber die US-Rüstung sei mittlerweile ausreichend, um mit den Sowjets zu verhandeln. Dieser Schritt war auch deswegen beachtlich, weil kurz zuvor die Sowjets die Genfer Rüstungskontrollverhandlungen verlassen hatten. 1985 wurde der Haushalt des Pentagon tatsächlich nicht weiter erhöht. Er war allerdings bereits doppelt so groß wie 1980. Wirkliche Rüstungsbegrenzungen wurden in den USA aber erst auf Druck des Kongresses durchgesetzt, der im Sommer 1986 den Präsidenten verpflichtete, Rüstungskontrollen im Bereich der Anti-Satelliten-Waffen, der chemischen Waffen, der Kernwaffen sowie der SALT-II-Obergrenzen durchzuführen. Reagan wurde auf diese Weise durch die amerikanische Öffentlichkeit gezwungen, seinen Willen zur Verständigung unter Beweis zu stellen. Der Kalte Krieg war im Westen lange Zeit von der Öffentlichkeit mitgetragen worden, jetzt drang sie darauf, ihn zu beenden.

IX. Der Zerfall des Ostblocks 1985–1991

1. Gorbatschow und das «Neue Denken» in der Sowjetunion

Anders als im Westen vermutet, bot die Sowjetunion im Innern am Ende der siebziger und am Anfang der achtziger Jahre eher ein desaströses Bild. Breschnew war, wie man heute weiß, seit seinem schweren Schlaganfall 1976 kaum mehr politisch handlungsfähig. Bereits die Entscheidung zum Einmarsch in Afghanistan war vom KGB-Chef Jurij Andropow getroffen worden. Die Führungskrise setzte sich fort. Zwei Jahre nach Breschnews Tod (10. 11. 1982) starb auch sein Nachfolger Andropow (9. 2. 1984), nur ein Jahr später auch dessen Nachfolger Konstantin Tschernenko (10. 3. 1985). Tschernenkos Nachfolge trat ein im Vergleich mit seinen Vorgängern geradezu jugendlicher Generalsekretär an, der 1931 geborene Michail Gorbatschow.

Sowohl Andropow als auch Tschernenko hatten die innen- wie außenpolitischen Probleme der Sowjetunion erkannt. Tatsächlich wollte wahrscheinlich bereits Andropow, der zu den «Modernisten» zählte, Veränderungen durchsetzen, die das Land vor allem technologisch wieder konkurrenzfähig machen sollten. Tschernenko leitete in seiner kurzen Amtszeit immerhin noch eine Bildungsreform ein. Forderungen nach Umbau der Sowjetgesellschaft und nach mehr «Offenheit» waren bereits in der Debatte. Außenpolitisch jedoch hielten beide, die noch am Krieg aktiv teilgenommen hatten, an den Gegebenheiten fest. Keiner von ihnen war bereit, sowjetische Positionen aufzugeben, obwohl sie die finanziellen Möglichkeiten seit langem überschritten.

Gorbatschow war der erste Generalsekretär der Nachkriegszeit, der den Zweiten Weltkrieg nicht als Soldat oder Partisan miterlebt hatte. Wahrscheinlich ließ ihn dies unvoreingenommener an die Reform der Außenpolitik gehen, in der schließlich der Rückzug aus traditionellen Positionen als Erfolg verkauft werden konnte. Innenpolitisch führte er jenen Weg fort, den seine beiden Vorgänger in Ansätzen begonnen hatten. Dies machte Gorbatschows Antrittsrede 1985, insbesondere aber seine berühmte Ansprache auf dem XXVII. Parteitag 1986 deutlich. Hier verkündete er die «Umgestaltung» (*Perestroika*) der sowjetischen Politik sowie eine neue «Offenheit» (*Glasnost*). In der Außenpolitik bot er dem Westen sogleich einen Beweis dafür. Einen Tag nach seinem Amtsantritt wurden am 12. März 1985 nicht nur überraschend die Rüstungskontrollgespräche wieder aufgenommen, sondern auch die umstrittene Frage der Mittelstreckenraketen in die START-Verhandlungen einbezogen.

Nun war es der Westen, der über seinen Schatten springen mußte. Reagan, der sich zunächst prinzipiell weigerte, überhaupt Begrenzungen seines SDI-Programms zu diskutieren, und damit den Abschluß des Vertrages über Mittelstreckenwaffen (INF) verhinderte, erklärte sich erst Ende 1987 bereit, das Abkommen zu unterzeichnen. Als es unterschrieben war, konnten nicht nur alle Kurz- und Mittelstreckenraketen aus Europa abgezogen werden. Diese Verhandlungen brachten auch auf anderen Gebieten jahrelang festgefahrene Probleme des Kalten Krieges wieder in Bewegung, so zum Beispiel den Abzug der UdSSR aus Afghanistan, die Beendigung des Iran-Irak-Krieges oder den Rückzug kubanischer Truppen aus Angola.

Uneigennützig waren Gorbatschows Angebote freilich nicht. Die Sowjetunion stand sichtlich unter dem Druck der dramatischen Rüstungskosten. Man hat errechnet, daß die UdSSR kurz vor dem Abschluß des INF-Vertrages kaum weniger Geld in die Rüstung investierte als die wirtschaftlich ungleich stärkeren USA: Umgerechnet 260 Milliarden Dollar pumpte Moskau in das Militär, Washington gab im selben Jahr 293 Milliarden Dollar aus. Die Unzulänglichkeiten der sowjetischen Ökonomie waren im Westen natürlich bekannt, und das Rüstungstempo wurde in den achtziger Jahren gezielt eingesetzt, um den Osten in die Knie zu zwingen. Allerdings zeigte sich mit der Explosion des ukrainischen Kernkraftwerks Tschernobyl 1986 auch, daß der Westen von den Fehlern der sowjetischen Wirtschaft direkt betroffen sein konnte. Über Jahre waren große Teile der Ernten bis nach Westeuropa durch Strahlen belastet und für den Verzehr nicht mehr geeignet.

Eine finanzpolitische Entlastungsmaßnahme war der außenpolitische Rückzug der UdSSR, der allerdings einer besonderen Begründung bedurfte. Gorbatschows «Neues Denken» erklärte den außenpolitischen Rückzug als eine Notwendigkeit, den Sozialismus weiterzuentwickeln. Es sei kein Zeichen der Schwäche, sondern ein Weg, das Ansehen der UdSSR zu steigern. Ein freier Freund sei nützlicher als ein Vasall. Bereits auf dem XXVII. Parteitag 1986 erklärte Gorbatschow, die Länder der Dritten Welt müßten nun den Sozialismus aus eigener Kraft aufbauen. Gleichzeitig wurden die Hilfen an Kuba, an afrikanische und ostasiatische Staaten stark eingeschränkt oder völlig beendet. Für einige Länder bedeutete dies den wirtschaftlichen Bankrott und den Zwang, sich zu öffnen. Kuba ließ marktwirtschaftliche Reformen zu, andere, wie Nordkorea, versuchten, wie bisher weiterzumachen, und kämpften mit dramatischen Versorgungsengpässen. Für eine weitere Gruppe von Staaten, zum Beispiel Kambodscha, bedeutete es langfristig das Ende des Bürgerkriegs, da Moskau auch die Hilfen für Vietnam strich und Hanoi sich bis 1989 aus dem Konflikt im Nachbarland zurückzog.

Das Neue Denken brach aber vor allem das Konzept der «beschränkten Souveränität» der sozialistischen Staaten («Breschnew-Doktrin») und ersetzte es durch eine Idee, die der Sprecher des sowjetischen Außenministeriums, Gennadi Gerassimow, 1989 im Rückblick ironisch als «Sinatra-Doktrin» bezeichnet hat. Jedes sozialistische Land habe, erklärte Gorbatschow in verschiedenen Reden seit April 1986, die Freiheit, den «eigenen Weg» zu gehen. Im Rückblick haben viele die Aufgabe der Breschnew-Doktrin als Anfang vom Ende des Ostblocks betrachtet.

2. Erfolge und Niederlagen der Demokratiebewegung

Die Regierungen der «Bruderstaaten» der UdSSR reagierten mit ganz unterschiedlichen Strategien auf die ungewohnte sowjetische Liberalität. Vier unterschiedliche Muster lassen sich erkennen: Ungeteilte Zustimmung kam aus Polen und Ungarn, offene Ablehnung aus Rumänien, Albanien und der DDR. Taktisch reagierten die Regierungen in Bulgarien und der Tschechoslowakei, die zunächst mit eigenen Vorschlägen versuchten, sich als Vorreiter der Reformbewegung darzustellen. Das blockfreie Jugoslawien verwies auf die bereits vollzogenen Reformen und lehnte weitere Änderungen ab.

Polen und Ungarn waren seit Jahrzehnten die politischen Ausnahmen im sowjetischen Machtbereich. Beide wurden im Sommer 1989 auch Vorreiter der Revolutionen, die das Ende des Ostblocks einläuteten. Ungarns jahrzehntelang praktizierte Strategie, kleinere ökonomische Reformen zuzulassen, ohne die grundsätzliche politische Stabilität und die sowjetischen Anforderungen in Frage zu stellen – der landläufig so bezeichnete «Gulasch-Kommunismus» unter János Kádár –, war allerdings Anfang der achtziger Jahre bereits so heftig an seine Grenzen gestoßen, daß sogar die Kommunistische Partei und die Presse ganz offen über schier unglaubliche Veränderungen diskutierten: marktwirtschaftliche Reformen und Annäherung an die Europäische Gemeinschaft. Im Mai 1988 kam der Durchbruch als die Außerordentliche Konferenz der Kommunistischen Partei beschloß, mehr als die Hälfte des Politbüros und mit ihr einen Großteil der alten Elite gegen Reformer auszutauschen. Den langjährigen Partei- und Staatschef János Kádár ersetzte man zunächst durch den zum konservativen Reformflügel gehörenden Ministerpräsidenten Károly Grosz, der allerdings bereits im November 1988 durch den Wirtschaftsexperten und Verfechter eines «sozialistischen Pluralismus» Miklós Nemeth abgelöst wurde. Nach den ersten freien Wahlen im Frühjahr 1990 waren die Kommunisten im ungarischen Parlament gar nicht mehr vertreten. Die Ungarn setzten wieder dort an, wo sie 1956 gestoppt worden waren: Ministerpräsident wurde der ehemalige Vorsitzende des Revolutionsausschusses während des Ungarischen Aufstands, József Antall.

Für die Weltöffentlichkeit war der revolutionäre Wandel, den Ungarn durchlebte, vor allem in zwei weiteren Ereignissen erkennbar: Zum einen wurde Imre Nagy, der 1958 hingerichtete Führer des Ungarischen Aufstandes, rehabilitiert und am 16. Juni 1989 feierlich in ein Ehrengrab umgebettet. Zum anderen öffnete Ungarn am 2. Mai 1989 erste Abschnitte seiner Westgrenze. Der Eiserne Vorhang war offen. Drei Monate später nutzten vor allem Urlauber aus der DDR diesen Fluchtweg. Am Jahrestag des sowjetischen Einmarsches zur Niederschlagung des Ungarischen Aufstandes, am 23. Oktober 1989, erklärte sich Ungarn feierlich zur Republik.

In Polen, dem politisch unruhigsten Mitglied des Ostblocks, verlief der Wandel noch dramatischer. Studentenunruhen im

März 1968 folgten Streiks und ein blutiger Arbeiteraufstand im Dezember 1970. Seit Juli 1980 fanden aus Protest gegen Preiserhöhungen weitere Ausstände statt, in denen auch demokratische Reformen gefordert wurden. Als am 17. September 1980 die erste freie Gewerkschaft des Ostblocks – «Solidarnoćś» (Solidarität) – gegründet wurde, war für Breschnew das Maß voll. Moskau setzte die Regierung in Warschau unter General Wojciech Jaruzelski massiv unter Druck, um die Ordnung wiederherzustellen. Nachdem Jaruzelski im Oktober bereits die Position des Parteichefs übernommen hatte, wurde am 13. Dezember 1981 das Kriegsrecht verhängt. Streiks und andere Demonstrationen waren nun illegal. Im Oktober 1982 wurde auch Solidarnoćś verboten. Jaruzelski begründete das Kriegsrecht mit der Notwendigkeit, eine Invasion der Bruderstaaten zu verhindern. Tatsächlich hoffte vor allem die DDR-Regierung auf einen Einmarsch und das Ende der Reformen in Polen. Die Invasion blieb jedoch aus, und auch das Kriegsrecht wurde im Sommer 1983 wieder aufgehoben.

Die Regierung unter Jaruzelski versuchte es danach mit kleineren Wirtschaftsreformen, die schließlich bei Gorbatschow auch auf Anerkennung stießen. Vor der wichtigsten Änderung in den Augen der polnischen Bevölkerung schreckte sie jedoch zurück. Die Gewerkschaft Solidarnoćś, die bis 1982 auf zehn Millionen Mitglieder angewachsen war, blieb zunächst verboten. Daß beides – erfolgreiche ökonomische Veränderungen und freie Gewerkschaften – eng miteinander verzahnt war, zeigte die 1987 durchgeführte Volksabstimmung über die Wirtschaftsreformen. Obwohl Solidarnoćś noch nicht legalisiert war, rief sie erfolgreich zum Boykott der Befragung auf. Es folgten weitere, teilweise mit Gewalt niedergeschlagene Streiks.

Nicht nur unter Reformern im Ostblock, sondern auch im Westen wurden die Ereignisse in Polen zum Signal. Ebenso wie nach dem Aufstand 1953 in der DDR oder nach den Aufständen von 1956 versuchte der Westen, die Entwicklung nach Kräften zu fördern. Die Katholische Kirche und ihr aus Polen stammender Papst Johannes Paul II. wurden die wichtigsten Ansprechpartner. Auch US-Präsident Reagan führte 1982 Gespräche im Vatikan, in denen es insbesondere um die verdeckte Unterstützung der polnischen Freiheitsbestrebungen ging.

Seit Februar 1989 kündigte sich während der Gespräche zwischen Regierung und Opposition am «Runden Tisch» eine Entspannung in Polen an. Diese erfolgreiche Verhandlungsform wurde später auch in anderen Staaten übernommen. Die Parlamentswahlen im Juni 1989 leiteten dann unter dem zum Ministerpräsidenten gewählten Solidarność-Mitglied Tadeusz Mazowiecki die lange geforderten wirtschaftlich-politischen Reformen ein. Am 30. Dezember 1989 erklärte sich Polen feierlich zur Republik. Wenige Tage später, am 28. Januar 1990, löste sich die Kommunistische Partei Polens auf. Im Dezember 1990 schließlich wurde der ehemalige Führer der Solidarność, Lech Walesa, der erste frei gewählte Staatspräsident Polens.

Die Dynamik des Umbruchs erfaßte schließlich alle Staaten des Ostblocks. In Bulgarien und der Tschechoslowakei versuchte die orthodoxe Führung der Kommunistischen Parteien zunächst durch vorbildhaftes Nachahmen der sowjetischen Ideen, der befürchteten großen Änderung entgegenzusteuern. Todor Schiwkoff hatte seit 1954 Bulgarien regiert und alle Wandlungen der sowjetischen Politik souverän gemeistert und überlebt. 1987 entwickelte er sogar eine eigene verkürzte Version der *Perestroika*, die «Preustrojstwo». Sie sparte allerdings heikle Themen bewußt aus. Weitergehenden Reformen trat Schiwkoff bis 1989 rigoros entgegen. Einen Hinweis auf sein gespanntes Verhältnis zu Gorbatschow bot ein eintägiger Arbeitsbesuch in Moskau im Juni 1989, in dessen Nachgang Moskau aktiv seine Ablösung förderte. In einer «Palastrevolte» zweier Minister am 10. November 1989 wurde Schiwkoff daraufhin gestürzt. Die Regierung unter dem ehemaligen Außenminister Petar Mladenow setzte nun zügig einen reformkommunistischen Kurs um und konnte dadurch größere Unruhen vermeiden. Schließlich einigte man sich auch hier am «Runden Tisch». Im Mai 1990 fanden die ersten freien Wahlen in Bulgarien statt.

Vergleichbar lavierten die Kommunisten in der Tschechoslowakei. Der moskautreue Parteichef Gustáv Husák war seit 1968 als Nachfolger des nach der sowjetischen Intervention geschaßten Alexander Dubček im Amt. Husák stand dabei vor dem speziellen Problem, daß Gorbatschows Reformen den Forderungen des «Prager Frühlings» von 1968 ähnelten und eine Reformpolitik nicht nur den Reformer Dubček rehabilitiert, sondern seine eigene Person in Frage gestellt hätte. Wahrscheinlich war es auch diesmal Gorbatschow selbst, der den internen Machtkampf forcierte. Noch wehrte sich allerdings die orthodoxe Führung. Auch Husáks Nachfolger Miloš Jakeš gehörte noch zu den Konservativen. Er wurde allerdings am 28. November 1989, nach zweitägigen Großdemonstrationen, zum Rücktritt gezwungen. Im Dezember konnte der kurz zuvor noch inhaftierte Bürgerrechtler Václav Havel zum ersten freien Staatspräsidenten, Alexander Dubček zum Parlamentspräsidenten gewählt werden.

Die Tschechoslowakei gehörte zu jenen Staaten hinter dem Eisernen Vorhang, in denen der Kalte Krieg die Nationalitätenkonflikte zugunsten äußerer Geschlossenheit unter dem Deckel gehalten hatte. Im slowakischen und tschechischen Exil im Westen war das problematische Miteinander im Vielvölkerstaat aber über vierzig Jahre ein brisantes Thema gewesen. Am Ende des Kalten Krieges ergriffen die Slowaken die Chance, sich der befürchteten Majorisierung durch die Tschechen zu entziehen. Die offizielle Trennung erfolgte mit Wirkung zum 1. Januar 1993.

In Rumänien wiederum zeigte sich, daß der Wandel nicht zwangsläufig als «friedliche Revolution» verlaufen mußte. Hier wurde der despotische «Conducător» («Führer») Nicolae Ceauşescu am 21. Dezember 1989 erst in einem blutigen Aufstand und in harten Kämpfen mit der Geheimpolizei Securitate gestürzt. Die Revolution begann mit blutigen Demonstrationen in der Stadt Timişoara (Temeswar), mitten im seit Jahrzehnten unterdrückten ungarischen Landesteil. Hier wandelte sich im Laufe des 16. Dezember 1989 eine Kundgebung für den regimekritischen Geistlichen László Tökes, der im Juli 1989 im rumänischen Fernsehen die alltäglichen Menschenrechtsverletzungen angeprangert hatte, zu Demonstrationen gegen den Machthaber in Bukarest. Nachdem Tökes in der Nacht von der Securitate abgeholt worden war, begann der Aufstand, der rasch auf weitere Städte übergriff.

In Rumänien verlief alles anders: Als Ceauşescu am 17. Dezember intern den Rücktritt anbot, wurde dies von den anderen Mitgliedern seiner Regierung abgelehnt. Die Armee, die sich in anderen Ländern auffallend zurückhielt, schoß hier gezielt auf Demonstranten. Es gab Hunderte, möglicherweise Tausende Tote. Am 22. Dezember stürmten aufgebrachte Demonstranten, die zu Tausenden aus den Industriebetrieben am Stadtrand in die Innenstadt von Bukarest gezogen waren, das Gebäude des Zentralkomitees, während Ceauşescu im letzten Moment mit einem Hubschrauber flüchten konnte. Als einziger Machthaber im Ostblock wurde er nach einem Schnellgerichtsverfahren (wahrscheinlich am 25. Dezember 1989) erschossen.

Der blutigen rumänischen Revolution waren auch hier persönliche Versuche Gorbatschows vorausgegangen, Reformen voranzubringen. Ceauşescu hatte dies rundweg abgelehnt. Es gilt als wahrscheinlich, daß die innerparteiliche Opposition unter Ion Iliescu bereits im Oktober 1989 mit Billigung Moskaus den Sturz Ceauşescus plante. Iliescu galt nicht nur als Freund der *Perestroika*, sondern er kannte Gorbatschow aus den gemeinsamen Studienjahren. Er wurde am 26. Dezember 1989 zum Nachfolger Ceauşescus bestellt und trat nach den Wahlen vom 20. Mai 1990 das Amt des ersten freigewählten rumänischen Staatspräsidenten an.

Auch Albanien versperrte sich zunächst jeglicher Reform. Seit 1946 war Enver Hodscha Staatsoberhaupt und galt als einer der konsequentesten Stalinisten. Der Entstalinisierung entzog sich Albanien durch weitgehende Abschottung. Nach Hodschas Tod 1985 führte sein Nachfolger Ramiz Alia den Kampf gegen «Revisionisten» zunächst fort. Er hielt insbesondere an der These fest, auch Gorbatschows Reformen seien nicht auf Albanien zu übertragen. Nichtsdestoweniger wurden 1989 allerdings schon bestimmte Korrekturen innerhalb des etatistischen Wirtschaftssystems eingeleitet. Erst die Furcht, in Albanien könnte sich die rumänische Revolution wiederholen – Demonstrationen gab es bereits zur Jahreswende 1989/90 –, führte ab Mitte des folgen-

den Jahres zu erst langsamen, dann stürmischen Veränderungen: Im Mai wurde das 1967 abgeschaffte Justizministerium
wieder eingerichtet, die Religionsausübung erlaubt und die
Verhängung der Todesstrafe beschränkt. Im Juli stürmten
5000 Menschen westliche Botschaften in der Hauptstadt Tirana
und setzen ihre Ausreise durch. Ab Dezember begann, aus-
gehend von der dortigen Enver-Hodscha-Universität, dann die
große Wandlung: Die Regierung Alia gab dem Druck nach und
erlaubte den Aufbau von Parteien und Organisationen. Die im
Februar 1991 entstandene erste nichtkommunistische Demokratische Partei Albaniens übernahm nach den Unruhen und
vorgezogenen Neuwahlen am 22. März 1992 mit fast zwei Drittel Mehrheit die Regierungsverantwortung. Die Kommunistische Partei hatte sich bereits im Juni 1991 offiziell aufgelöst.
Der ehemalige Staatschef Alia wurde 1994 wegen Amtsmiß-
brauch zu neun Jahren Haft verurteilt.

Die neben Rumänien wohl dramatischsten Erschütterungen
gab es in Jugoslawien, das unter Tito so erfolgreich zwischen
den Blöcken balancieren konnte. Der von Serbien dominierte
Vielvölkerstaat war der einzige, der auf die ostmitteleuropäische
Reformbewegung mit einem Krieg reagierte. Die eigentlichen
Ursachen lagen jedoch weit zurück und vermischten sich nur
noch mit den Umwälzungen, die durch die *Perestroika* ausgelöst
worden waren.

Bereits der Tod Titos am 4. Mai 1980 hatte die traditionellen
Rivalitäten wieder sichtbar gemacht. Wahrscheinlich waren es
das aus der Blockfreiheit gewachsene Selbstbewußtsein der jugoslawischen Zentralregierung in Belgrad und die Vorstellung,
viele Reformen bereits unter Tito verwirklicht zu haben, die den
Vielvölkerstaat zu einem der Schlußlichter der Reformbewegung in Ostmitteleuropa machten. 1989 war zunächst durch die
Infragestellung der noch von Tito zugesicherten Autonomie
eine Krise in den Beziehungen Belgrads zu den Einzelrepubliken
ausgelöst worden. Auf den ersten Blick hatte dies wenig mit
dem Umbruch in Osteuropa zu tun, doch hatten Gorbatschows
Reformen den nicht-serbischen Republiken neues Selbstbewußtsein gegeben. Slowenien unterstützte den mehrheitlich von

Albanern bewohnten Kosovo in seinen Autonomieansprüchen und wurde dafür von Belgrad mit einem Handelsboykott abgestraft. Daraufhin stellten die Slowenen die Zahlungen an die Bundeskasse ein. Dies war für Belgrad doppelt bitter, da Slowenien neben Kroatien der ökonomisch stärkste Landesteil war.

Im Laufe des Jahres 1990 hatten in allen jugoslawischen Republiken zum ersten Mal seit dem Krieg freie Wahlen stattgefunden. Mit der Ausnahme Serbiens und Montenegros waren überall die Kommunisten abgewählt worden. Diese freien Wahlen werden allgemein als der Anfang vom Ende Gesamtjugoslawiens betrachtet, da nun Politiker an die Macht kamen, die Nationalstaatspolitik betrieben. Seit Ende 1990 war klar, daß Slowenien und Kroatien die ersten sein würden, die aus dem Staatenbund ausscheiden wollten. Im Fall Slowenien hatte dies unmittelbar mit der fehlenden Reformbereitschaft der Zentralregierung in Belgrad zu tun. Am 25. Juni 1991 erklärten beide Staaten ihre Unabhängigkeit. Am 3. März 1992 folgte die Republik Bosnien-Herzegowina. Die Bundesregierung, die auf dem Zusammenhalt Jugoslawiens beharrte, führte in der Folge jeweils einzelne blutige «Feldzüge» gegen abtrünnige Republiken. Sie konnte aber trotz größter Brutalitäten den Zerfall des Landes in autonome Staaten nicht verhindern. «Rest-Jugoslawien» bestand seit April 1992 nur noch aus Serbien und Montenegro.

Der «Fall Jugoslawien» bot nicht nur Anschauungsmaterial für jene Konflikte, die der Kalte Krieg unter dem Deckel gehalten hatte, weil der Systemkonflikt einheitliche Fronten erforderte, unter denen die traditionellen Rivalitäten zurücktraten. Er zeigte auch die Hilflosigkeit der internationalen Staatengemeinschaft, einschließlich der Vereinten Nationen, solche Konflikte zu verhindern oder gar zu lösen.

Die heftigste Gegenwehr gegen das aus Moskau kommende «Neue Denken» leisteten aber die Kommunisten in China. Seit Frühjahr 1989 waren die aktuellen Probleme des Landes insbesondere unter Studenten verstärkt diskutiert worden. Der Tod des früheren Generalsekretärs Hu Yao-bang am 22. April wurde zum Fanal. Auf einer inoffiziellen studentischen Trauerfeier wurde dieser zum Vorkämpfer der Demokratisierung Chinas erklärt. Wenig später waren rund 100 000 Studenten im Vorlesungsstreik. Die Gründung eines Unabhängigen Studentenverbandes und Forderungen nach *Glasnost* und *Perestroika* ließen die Pekinger Führung das Schlimmste befürchten. Als sich die Situation im Mai aufgrund eines Hungerstreiks auf dem Tiananmen-Platz (Platz des Himmlischen Friedens) verschärfte, griff die Pekinger Führung zum Äußersten. In der Nacht vom 3. zum 4. Juni 1989 schoß die Armee die Studenten- und Arbeiterdemonstration für Demokratie und Bürgerrechte zusammen. Die Zahl der Toten wurde nicht bekannt, ebensowenig die Zahl der Verhaftungen und Hinrichtungen. Es folgten großangelegte Repressalien gegen die Reformbewegung.

3. Die Vereinigung Deutschlands

Der Zusammenbruch der DDR seit November 1989 und ihr Beitritt zur Bundesrepublik 1990 bildete in der Gesamtgeschichte des Kalten Krieges eine Besonderheit: Nichts hatte den Kalten Krieg deutlicher symbolisiert als die deutsche Teilung und die Grenze durch Deutschland. Nirgends sonst trat ein Mitglied des Ostblocks einem Mitglied der westlichen Organisationen bei. Und so selbstverständlich, wie sich dies im Rückblick möglicherweise zeigt, war es gerade nicht. Eine «chinesische Lösung» stand im Sommer 1989 zumindest als Schreckgespenst im Raum. Die Kampagnen der SED um Erich Honecker sprachen im Juni 1989 eine eindeutige Sprache. Dennoch unterschrieben Tausende in der DDR eine in den Kirchen kursierende Resolution gegen das Massaker in Peking.

Die Hoffnung auf *Perestroika* war in der DDR verbreitet; genauso allerdings die Vorstellung, daß Honecker keine grundlegende Änderung zulassen werde. Manche fühlten sich an Albanien oder gar Rumänien erinnert. Eine direkte Folge dieser Wahrnehmung war die Ausreisewelle, die seit 1988 sprunghaft anstieg. Als Ungarn seit Mai 1989 einseitig die «Grenzsicherungsgemeinschaft» des Ostblocks beendete und Grenzbefestigungen abbaute, liefen DDR-Bürger in ihrem Urlaub in Ungarn zu Tausenden über die Grenze nach Österreich. In Prag und Warschau stürmten Ostdeutsche auf die Grundstücke der westdeutschen Vertretungen, um ihre Ausreise zu erzwingen. Auch sie durften schließlich in den Westen. Als ihre Sonderzüge durch die DDR fuhren, nutzten Tausende die Nacht vom 4. auf den 5. Oktober 1989, um auf dem Bahnhof Dresden für ihre Ausreise zu demonstrieren. Rund 3000 Menschen stürmten schließlich zu den Gleisen und lieferten sich Straßenschlachten, die an den 17. Juni 1953 erinnerten.

Die DDR-Führung wehrte sich zunächst mit den bewährten Mitteln. Der Druck auf bekannte Dissidenten nahm ständig zu. Zeitschriften, die über die Reformen berichteten, wurden – wie der sowjetische *Sputnik* im November 1988 – verboten. Die Grundlinie hatte SED-Chefideologe Kurt Hager bereits 1987 in einem Interview mit dem Hamburger Magazin *Stern* deutlich gemacht: «Würden Sie, wenn Ihr Nachbar seine Wohnung neu tapeziert, sich verpflichtet fühlen, Ihre Wohnung ebenfalls neu zu tapezieren?» Gorbatschow hielt die Haltung der SED für unakzeptabel, wie er beim Staatsbesuch 1989 deutlich machte. Hier fiel der berühmte Satz: «Wer zu spät kommt, den bestraft das Leben.» (Im Original: «Es ist gefährlich, das Leben an sich vorbeiziehen zu lassen.»)

Kritisch für die Führung der DDR wurde es allerdings erst in dem Moment, als die Masse der Unzufriedenen nicht mehr ausreisen, sondern dableiben wollte und sich mit den politischen Gegnern des Regimes verband. Der politische Widerstand in der DDR hatte sich in den achtziger Jahren vor allem unter dem Dach der evangelisch-lutherischen Kirche gesammelt. Im Oktober 1989 gingen die Bilder von den Friedensgebeten in der Gethsemane-Kirche in Ostberlin und der Nikolai-Kirche in Leipzig um die Welt. Zu diesem Zeitpunkt waren sie bereits eine Massenveranstaltung. Bei den Leipziger «Montagsdemonstrationen» versammelten sich Zehntausende. In Ostberlin demonstrierten am 4. November 1989 eine Million Menschen auf dem Alexanderplatz für Demokratie.

Die SED hatte bereits im Oktober versucht, wieder zur Herrin des Geschehens zu werden. Staats- und Parteichef Honecker war am 18. Oktober gegen seinen ausdrücklichen Willen vom Zentralkomitee von seinen Ämtern entbunden worden. Sein Nachfolger und einstiger «Kronprinz», Egon Krenz, bot allerdings in den Augen derjenigen, die die DDR reformieren wollten, keine Alternative.

Warum am 9. November für alle überraschend die Berliner Mauer geöffnet und damit endgültig das Ende der DDR besiegelt wurde, war lange unklar. Zu unglaublich erschien das bedingungslose Einlenken der DDR-Führung um Krenz. Tatsächlich hatte es dies auch nicht gegeben. Die Öffnung der Grenze war ein Mißverständnis, das nicht wieder rückgängig gemacht werden konnte. Alles hatte mit einem Beschluß des Ministerrates über eine zeitweilige Übergangsregelung für Reisen und die ständige Ausreise aus der DDR begonnen. Mit ihr wollte man die unerwünschten Ausreisen über Drittländer in geordnete Bahnen lenken. Im Umlaufverfahren war die Regelung abgesegnet worden und kurz vor der um 18 Uhr angesetzten Pressekonferenz dem designierten Sekretär für Information, Günter Schabowski, auf einem kleinen Zettel mitgeteilt worden. Auf Nachfrage eines italienischen Journalisten hatte dieser verkündet, daß nun Genehmigungen zu Privatreisen kurzfristig möglich seien und Visa zur ständigen Ausreise unverzüglich ausgegeben werden würden. Krenz teilte später mit, man habe erstens nicht die Übergänge in Berlin gemeint und sei zweitens davon ausgegangen, daß trotzdem Anträge bei den Verwaltungen zu stellen waren.

Dem nachfolgenden Ansturm von Tausenden Ostberlinern auf die Grenzübergangsstellen sahen sich die dortigen Beamten rasch nicht gewachsen. Nach Rücksprache öffneten sie die Schlagbäume. Faktisch war damit die Grenze offen, die Mauer «gefallen». Aus den ersten freien Volkskammerwahlen in der DDR im März 1990 ging die konservative «Allianz für Deutschland» als Sieger hervor. Am 18. Mai 1990 wurde eine «Wirtschafts-, Sozial- und Währungsunion» vereinbart, die am 1. Juli in Kraft trat, womit faktisch bereits der Beitritt der DDR zur Bundesrepublik vollzogen war, der offiziell am 3. Oktober erfolgte.

Für die Siegermächte des Zweiten Weltkrieges, UdSSR, USA, Großbritannien und Frankreich, war die Vereinigung Deutschlands trotz der Annäherung zwischen Ost und West ein besonderes Problem. Die Teilung Deutschlands war nicht nur der sichtbarste Ausdruck des Kalten Krieges, sondern der durch Deutschland begonnene Zweite Weltkrieg war sein Ausgangspunkt gewesen. Insofern bedeutete bei allen gewollten Entspannungsbemühungen die Zustimmung der Siegermächte zur Vereinigung eher einen Sprung denn einen Schritt. Die Furcht vor einem «Vierten Reich» war beträchtlich. Vom amerikanischen Außenminister James Baker stammte der Vorschlag, die beiden deutschen Staaten mit in die Verhandlungen einzubeziehen und diese nicht mehr als Viermächtekonferenzen zu führen. Die Zwei-Plus-Vier-Gespräche der Außenminister begannen im Mai 1990 und endeten am 12. September in Moskau mit dem «Vertrag über die abschließende Regelung in bezug auf Deutschland». In ihm wurde das Ende der Viermächteverantwortlichkeit, die Endgültigkeit der Grenzen, der Verzicht auf ABC-Waffen, der Abzug der sowjetischen Truppen, die Reduzierung der deutschen Streitkräfte sowie die volle Souveränität Gesamtdeutschlands festgestellt.

X. Das Ende des Kalten Krieges 1991

1. Der Untergang der Sowjetunion

Wie in den sowjetischen Satellitenstaaten in Ostmitteleuropa mißlang der geplante Systemwandel auch in der UdSSR selbst und führte zu einem grundlegenden Systemwechsel. Gorbatschow kämpfte innenpolitisch an mehreren Fronten. Zum einen gegen die grundsätzlichen *Perestroika*-Gegner. Zum anderen gegen jene, denen die Reformen nicht weit genug gingen. Zusätzlich waren die zunächst lokalen und regionalen Unabhängigkeitsbewegungen in den Einzelrepubliken immer stärker geworden. Sie entwickelten sich schließlich nicht nur zur Existenzfrage für die Sowjetunion, sondern setzten auch hier lange niedergehaltene Nationalitäten- und Minderheitenkonflikte wieder frei. Nachdem bereits seit 1986/87 größere Demonstrationen stattgefunden hatten, forderten ab 1988/89 ganze Republiken ihre Souveränität. Den Anfang machten die Baltischen Republiken (Estland, Lettland, Litauen), dann folgten Moldova, Armenien und Georgien, die schließlich auch das Recht einforderten, eine eigene Armee zu unterhalten. Als erste Republik erklärte Litauen am 11. März 1990 die Unabhängigkeit. Von nun an war der Zerfall der Sowjetunion nicht mehr aufzuhalten. Mitte des Jahres 1990 kam es zur entscheidenden Unabhängigkeitserklärung, die letztendlich auch das Todesurteil für den Staatsverband war: Am 12. Juni 1990 erklärte sich die Russische Sozialistische Föderative Sowjetrepublik (RSFSR), das Kernland der UdSSR, für souverän.

Seit März 1990 hatte die UdSSR eine Präsidialverfassung. Gorbatschow war mit umfassenden Vollmachten ausgestattet und führte einen verbissenen Kampf gegen die Auflösung der Union. Sein härtester Gegner war Boris Jelzin, der ab Juni 1990 als Präsident Rußlands amtierte. Daß tatsächlich nicht alle Republiken gegen einen Unionsverband waren, zeigte das im März 1991 durchgeführte Referendum, in dem sich fast zwei Drittel für eine erneuerte Föderation aussprachen. Sechs Republiken nahmen allerdings gar nicht erst teil. Der wichtigste Streitpunkt betraf die nationalen Rechte. Die Republiken pochten auf ihre Verfügungsgewalt über Grund und Boden, Produktion und Bodenschätze. Aber auch die Frage, ob Unionsrecht über Republiksrecht stehe, ließ in den letzten beiden Jahren der Sowjetunion Reformen fast unmöglich werden.

Gorbatschow wehrte sich gegen die Auflösung der Union unter anderem durch den Einsatz von Militär. Im Januar 1990 marschierten sowjetische Streitkräfte in Baku (Aserbaidschan) ein. Es gab mehrere hundert Tote. Gegen Litauen, das als erstes seine Unabhängigkeit erklärt hatte, wurde zunächst eine Wirtschaftsblockade verhängt, im Januar 1991 auch militärisch interveniert. In Lettland stürmten sowjetische Einheiten das Innenministerium. Den Zerfall der Union hielt dies nicht auf.

Die schwache Position Gorbatschows in der noch bestehenden UdSSR wurde im August 1991 international sichtbar. Am 18. August putschten Mitglieder der KPdSU unter der Führung von KGB-Chef Krjutschkow und Vizepräsident Janajew gegen Gorbatschow, und der Präsident der UdSSR konnte sich nur mit Hilfe seines Gegners, Boris Jelzin, an der Macht halten. Am 24. August trat Michail Gorbatschow als Generalsekretär der KPdSU zurück. Jelzin konnte sich nun innerhalb kürzester Zeit gegen ihn durchsetzen: Unter Umgehung der anderen Republiken wurde am 7. Dezember 1991 von Rußland, der Ukraine und Weißrußland der Unionsvertrag der Sowjetrepubliken außer Kraft gesetzt und eine «Gemeinschaft Unabhängiger Staaten» (GUS) gegründet. Am 21. Dezember folgte der offizielle Gründungsakt. Vier Tage später trat Gorbatschow von seinem Amt als Staatspräsident der UdSSR zurück. Mit Wirkung vom 31. Dezember hörte die Sowjetunion auf zu bestehen – fast auf den Tag genau 69 Jahre nach ihrer Gründung.

Innenpolitisch hatten sich alle Versuche, die UdSSR oder eine vergleichbare Union mit Gewalt zusammenzuhalten, nur als hilfloser Rückfall in die Interventionspolitik der fünfziger und sechziger Jahre erwiesen. Außerhalb der UdSSR befand sich die Rote Armee bereits im Abzug. Im Januar und Februar 1991 fielen die Beschlüsse, auch jene Organisationen aufzulösen, die den Ostblock wirtschaftlich-militärisch koordiniert hatten: Am 4./5. Januar wurde der RGW, am 25. Februar auch der Warschauer Pakt für aufgelöst erklärt.

2. Ein Sieg des Westens?

Das Ende des Kalten Krieges wurde wiederholt erklärt. Offiziell zum Beispiel Mitte 1990 auf dem NATO-Gipfel in London oder auch bei den Zwei-Plus-Vier-Gesprächen in Bonn. Es blieb allerdings die rätselhafte Frage, warum die UdSSR und der gesamte Ostblock nach Jahrzehnten teilweise massiver wirtschaftlicher, politischer und ideologischer Auseinandersetzung schließlich sang- und klanglos untergegangen war.

Die US-Regierung war sich ganz sicher: Präsident Bush äußerte in seiner Regierungserklärung vom 28. Januar 1992, der Westen habe den Sieg im Kalten Krieg davongetragen. Gorbatschow, der 1990 den Friedensnobelpreis erhalten hatte, beharrte demgegenüber darauf, daß keine Seite gewonnen habe. Das Ende der Konfrontation sei der gemeinsame Sieg über den Kalten Krieg gewesen. Schon während des Gipfels auf der Mittelmeerinsel Malta Anfang Dezember 1989 gab es deswegen Konflikte zwischen Bush und Gorbatschow. Man einigte sich dort schließlich auf die Kompromißformel, in Ostmitteleuropa hätten sich nicht westliche, sondern «universale Werte» durchgesetzt.

Versucht man die Erklärungsmuster zum Ende des Kalten Krieges und zum Untergang der Sowjetunion zu bündeln, so zeigen sich zwei Hauptrichtungen. Nach der ersten waren vor allem interne Gründe, die bereits in der Gründungsphase der UdSSR angelegt wurden, für den Zerfall verantwortlich. Die Sowjetunion war nach dieser Theorie aufgrund fehlender intellektueller und wirtschaftlicher Ressourcen nicht in der Lage, die ideologische Wegbereiterrolle der «Weltrevolution» zu spielen, die ihr Lenin zugedacht hatte. Unter Stalin sei der Weg ideologischer Überzeugung zugunsten der Ausübung militärisch-politischen Drucks endgültig verlassen worden. Hieraus seien die Widerstände gegen Moskau und den Kommunismus innerhalb des sowjetischen Machtbereichs, so unterschiedlich sie im einzelnen auch begründet waren, entstanden.

Die zweite Erklärung gibt den externen Gründen die Hauptschuld am Niedergang. Nach dieser Deutung hat der Westen durch seine Offensive gegen den Kommunismus seit dem Beginn des Kalten Krieges, schließlich vor allem auch die Ankündigung des SDI-Programms, die Sowjetunion besiegt.

Man kann noch eine dritte Erklärung anbieten, die beide Auffassungen verknüpft, aber die Bedeutung einer zahmeren Version der Befreiungsidee, die John F. Kennedys «Strategy of Peace» oder Egon Bahrs «Wandel durch Annäherung» letztendlich waren, stärker heraushebt. Beide Ideen beruhten auf der Magnettheorie als Teil der Befreiungspolitik, auch wenn sie die offensive Form der *Liberation Policy*, wie sie bis 1956 stattgefunden hatte, strikt ablehnten. Bahr hatte 1963 ausdrücklich die gezielte Erzeugung von Konsumwünschen im sowjetischen Machtbereich als Hebel zur Wiedervereinigung und letztendlich auch zur Auflösung des Ostblocks bezeichnet. Er sollte die Entwicklung kontrollierbar machen und weitere unerwünschte blutige Aufstände verhindern. Gezielte Informations- und Handelspolitik waren auch der Kern dieser Strategie. Man kann nicht bestreiten, daß diese zahmere Version einer Befreiungspolitik, die man auch als offensives *Containment* bezeichnen kann, sich zumindest für Europa als erfolgreich erwies.

Die Verknüpfung aller drei Thesen trifft wahrscheinlich am ehesten die historische Wahrheit: Die Sowjetunion stand in den achtziger Jahren innen- wie außenpolitisch vor enormen Herausforderungen. Gleichzeitig schien auf die bisherige Weise keine tragfähige Lösung mehr möglich. Zu den Verstärkern der Krise gehörten neben dem vom Westen angekündigten immens teuren SDI-Programm, das ja die über Jahre angehäuften Nuklearwaffen auf einen Schlag nutzlos gemacht hätte, insbesondere die intensiver geäußerten Konsumansprüche der Bevölkerung im gesamten sowjetischen Machtbereich. Sie waren durch die elektronischen Medien des Westens erheblich forciert wurden. Mit ihnen verband sich schließlich die Forderung nach mehr persönlicher Freiheit und politischer Selbstbestimmung.

Die Gemengelage der Krise und die Notwendigkeit komplexer Erklärungen für das Ende des Kalten Krieges hat der ehemalige US-Außenminister Henry Kissinger ausdrücklich betont. Sicher ist aber auch, daß der risikobehaftete Weg der Reformen von der Sowjetunion nicht zwangsläufig hätte beschritten werden müssen. Die UdSSR und der Ostblock wären in der Lage gewesen, in irgendeiner Form weiterzubestehen. Wie lange das gutgegangen wäre, ist eine andere Frage. So war es tatsächlich der «Ausnahmepolitiker» Gorbatschow, der die ausschlaggebende Rolle spielte. Er verwirklichte seine persönlichen Reformvorstellungen, um die Sowjetunion im Systemkonflikt zukunftsfähig zu machen, und er setzte seine Politik fort – selbst als sich die unbeabsichtigten Folgen zeigten. Gorbatschow gelang es, den sowjetischen Staats- und Parteiapparat zu überzeugen, daß

mit den inneren Reformen auch die grundlegende Neubestim-
mung der sowjetischen Innen- und Außenpolitik notwendig sei,
wenn man nicht alles verlieren wolle. Die *Perestroika* interpretierte zum ersten Mal in der sowjetischen Geschichte den Rückzug aus bereits erreichten außenpolitischen Positionen nicht als
Niederlage, sondern als Erfolg und als Notwendigkeit des sozialistischen Modells. Das «Neue Denken» betonte dabei vor allem
den überfälligen Wandel von der Klientel- zur Kooperationsbe-
ziehung zu den Satellitenstaaten. Verbunden war dies mit dem
gleichzeitigen Abschied von der Vorstellung, jede selbständige
Entscheidung in einem der «Bruderstaaten» müsse sanktioniert
werden. Ähnliche Vorstellungen herrschten in Moskau auch
über die zukünftige Einflußnahme auf die Dritte Welt, für die
man zunächst die Hoffnung hatte, auch dort würden Reform-
kommunisten die Macht übernehmen und so den Bestand des
«Sozialistischen Weltsystems» sichern.

Der amerikanische Politologe Myron Rush hat aus der Tatsache, daß Gorbatschow in der Reihe der Generalsekretäre der
Nachkriegszeit sowohl durch sein Alter als auch durch seine
Reformbereitschaft die absolute Ausnahme bildete, den Schluß
gezogen, bereits dessen Einsetzung sei ein «Unfall» des sowjetischen Systems gewesen. Folgt man dieser Auffassung, so war
das Ende des Kalten Krieges in erster Linie ein historischer Zufall. Für diese These spricht, daß tatsächlich viele der weiteren
zentralen Ereignisse des Umbruchs 1989 fast als Glücksfälle zu
bezeichnen sind: Man denke nur an die Umstände, die zur Öffnung der Mauer in Berlin führten, oder an die Tatsache, daß es –
gemessen an der Dimension und dem politischen Gewicht des
Umbruchs – zu relativ wenig Blutvergießen kam.

Der Westen mußte vor allem über seinen eigenen Schatten
springen und Gorbatschow als ehrlichen Verhandlungspartner
anerkennen. Das Ende des Kalten Krieges zeigte auf diese Weise
noch einmal deutlich, was die Auseinandersetzung vor allem gewesen war: ein Weltanschauungskrieg, ein Krieg der Ideen, dessen Fronten durch die gegensätzliche Ideologie, insbesondere
aber durch die gegenseitige Wahrnehmung gebildet wurden.

Zeittafel

8.5.–21.7.1954	Genfer Indochina-Konferenz
18.–24.4.1955	Bandung-Konferenz der Blockfreienbewegung
8.9.1954	Gründung der SEATO (1977 aufgelöst)
5.5.1955	Inkrafttreten der Pariser Verträge
1955	Bagdad-Pakt (1960 abgelöst durch den CENTO-Pakt)
14.5.1955	Gründung des Warschauer Pakts (1991 aufgelöst)
18.–23.7.1955	Genfer Konferenz
14.–25.2.1956	XX. Parteitag der KPdSU
22.6.1956	Beginn des Aufstands in Polen
23.10.–11.11.1956	Ungarn-Aufstand
29.10./31.10.1956	Beginn der Suez-Krise
5.10.1957	Erfolgreicher Start des Sputnik
1958–1961	Zweite Berlin-Krise
15.–17.4.1961	«Schweinebucht»-Invasion auf Kuba
13.8.1961	Mauerbau
1.–6.9.1961	Erste offizielle Konferenz der Blockfreien-Bewegung
14.–28.10.1962	Raketenkrise um Kuba
10.6.1963	Rede Kennedys zur «Strategie des Friedens»
15.7.1963	Rede Egon Bahrs zum «Wandel durch Annäherung»
16.10.1964	Erste Atombombe Chinas
21.8.1968	Niederschlagung des «Prager Frühlings»
12.8.1970–11.12.1973	Unterzeichnung der vier Ostverträge
21.–28.2.1972	Staatsbesuch Nixons in China
26.5.1972	Unterzeichnung des SALT-I-Vertrags
1.8.1975	KSZE-Schlußakte von Helsinki
18.6.1979	Unterzeichnung des SALT-II-Vertrags
12.12.1979	NATO-Doppelbeschluß
25.12.1979–15.2.1989	Sowjetischer Einmarsch in Afghanistan
17.9.1980	Gründung der freien Gewerkschaft Solidarnoćs in Polen
23.3.1983	Ankündigung von SDI durch Reagan
11.3.1985	Gorbatschow wird Generalsekretär der KPdSU
25.2.–6.3.1986	XXVII. Parteitag der KPdSU: Ankündigung von *Perestroika* und *Glasnost*
3./4.6.1989	Massaker an Oppositionellen auf dem Tiananmen-Platz in Peking
9.11.1989	Öffnung der Mauer in Berlin
Nov./Dez. 1989	Revolutionen in der DDR, ČSSR und Rumänien
12.9.1990	Zwei-plus-Vier-Vertrag
3.10.1990	Beitritt der DDR zur Bundesrepublik Deutschland
4./5.1.1991	Beschluß zur Auflösung des RGW

25.2.1991	Beschluß zur Auflösung des Warschauer Pakts
1.7.1991	Offizielle Auflösung des Warschauer Pakts
7.12./21.12.1991	Gründung der GUS
25.12.1991	Rücktritt Gorbatschows
31.12.1991	Auflösung der Sowjetunion

Abkürzungen

ABM	Anti-Ballistic Missile
ASEAN	Association of Southeast Asian Nations
CENTO	Central Treaty Organization
CIA	Central Intelligence Agency
ERP	European Recovery Plan
GUS	Gemeinschaft Unabhängiger Staaten
ICBM	Intercontinental Ballistic Missile
INF	Intermediate Nuclear Forces
KGB	Komitet Gossudarstwennoi Besopasnosti (Komitee für Staatssicherheit)
Kominform	Kommunistisches Informationsbüro
Komintern	Kommunistische Internationale
KPdSU	Kommunistische Partei der Sowjetunion
KSZE	Konferenz über Sicherheit und Zusammenarbeit in Europa
MBFR	Mutual Balanced Force Reduction
MfS	Ministerium für Staatssicherheit
NAM	Nonaligned Movement (Blockfreien-Bewegung)
NASA	National Aeronautics and Space Administration
NATO	North Atlantic Treaty Organization
NTS	Narodno Trudowoj Ssojuss (Völkischer Arbeitsbund)
OEEC	Organization for European Economic Cooperation
OSS	Office of Strategic Services
OUN	Organisation Ukrainischer Nationalisten
PLO	Palestine Liberation Organization
PNE	Peaceful Nuclear Explosions
RGW	Rat für gegenseitige Wirtschaftshilfe
SDI	Strategic Defense Initiative
SEATO	South East Asia Treaty Organization
SED	Sozialistische Einheitspartei Deutschlands
SLBM	Sea-Launched Ballistic Missiles
START	Strategic Arms Reduction Talks
SWAPO	South West African Peoples Organization
UN(O)	United Nations (Organization)

Literaturhinweise

Allgemeine Darstellungen:
Cold War International History Project Bulletin, Woodrow Wilson International Center for Scholars, Washington, D. C., Issue 1–16, Washington, D. C. 1993–2004; Dülffer, J., Europa im Ost-West-Konflikt 1945–1990, München 2004; Gaddis, J. L., We now Know: Rethinking Cold War History, Oxford 1996; Gardner, L. C., Imperial America, America's Foreign Policy since 1898, New York 1976; Hildermeier, M., Geschichte der Sowjetunion 1917–1991, Entstehung und Niedergang des ersten sozialistischen Staates, München 1998; Isaacs, J. u. a., Der Kalte Krieg, Eine illustrierte Geschichte, 1945–1991, München 1999; Junker, D. (Hrsg.), Die USA und Deutschland im Zeitalter des Kalten Krieges 1945–1990, Ein Handbuch, 2 Bde., Stuttgart 2001; Lades, H. u. a., Sowjetsystem und demokratische Gesellschaft, Eine vergleichende Enzyklopädie, 6 Bde., Freiburg 1966–1972; Loth, W., Die Teilung der Welt, Geschichte des Kalten Krieges 1941–1955, München 10 2000; Nolte, E., Deutschland und der Kalte Krieg, 2 1985; Stöver, B., Der Kalte Krieg. Geschichte eines radikalen Zeitalters, München 2007 (broschiert 2011); Yergin, D., Der zerbrochene Frieden, Der Ursprung des Kalten Krieges und die Teilung Europas, Frankfurt a. M. 1979

Kapitel I:
Hacker, J., Der Ostblock, Entstehung, Entwicklung und Struktur 1939–1980, Baden-Baden 1983; Henke, K.-D., Die amerikanische Besetzung Deutschlands, München 1995; Krakau, K., Missionsbewußtsein und Völkerrechtsdoktrin in den Vereinigten Staaten von Amerika, Frankfurt a. M. 1967; Lundestad, G., The American Non-Policy Toward Eastern Europe, 1943–1947, New York 1975; Smith, G., The Last Years of the Monroe-Doctrine 1945–1993, New York 1994; Weinberg, G. L., Eine Welt in Waffen, Die globale Geschichte des Zweiten Weltkriegs, Stuttgart 1995

Kapitel II:
Andrew, Chr., For the President's Eyes Only, Secret Intelligence and the American Presidency from Washington to Bush, New York 1995; Ders. u. a., Das Schwarzbuch des KGB, Moskaus Kampf gegen den Westen, Berlin 1999; Bailey, G. u. a., Die unsichtbare Front, Der Krieg der Geheimdienste im geteilten Berlin, Berlin 1997; Gieseke, J., Mielke-Konzern, Die Geschichte der Stasi 1945–1990, Stuttgart 2 2006; Heuser, B., Western «Containment» Policies in the Cold War, The Yugoslav Case, 1948–53, London 1989; Mickelson, S., America's Other Voice: The Story of Radio Free Eu-

rope and Radio Liberty, New York 1983; Stöver, B., Befreiung vom Kommunismus, Amerikanische Liberation Policy im Kalten Krieg, Köln 2002.

Kapitel III:
Herbst, L., Option für den Westen, Vom Marshallplan bis zum deutsch-französischen Vertrag, München 1989; Krause, J., Kernwaffenverbreitung und internationaler Systemwandel, Neue Risiken und Gestaltungsmöglichkeiten, Baden-Baden 1994; Matthies, V., Die Blockfreien, Ursprünge – Entwicklung – Konzeptionen, Opladen 1982; Stueck, W., The Korean War: An International History, Princeton 1975; Thoß, B., Volksarmee schaffen – ohne Geschrei!, Studien zu den Anfängen einer ‹verdeckten Aufrüstung› in der SBZ/DDR 1947–1952, München 1994; Weggel, O., Geschichte Chinas im 20. Jahrhundert, Stuttgart 1989

Kapitel IV:
Bailey, S. D., Four Arab-Israeli Wars and the Peace Process, London 1990; Biermann, H., John F. Kennedy und der Kalte Krieg, Die Außenpolitik der USA und die Grenzen der Glaubwürdigkeit, Paderborn 1997; Catudal, H. M., Kennedy in der Mauer-Krise, Eine Fallstudie zur Entscheidungsfindung in den USA, Berlin 1981; Diedrich, T., Der 17. Juni 1953 in der DDR, Bewaffnete Gewalt gegen das Volk, Berlin 1991; Lemberg, H. (Hrsg.), Zwischen «Tauwetter» und neuem Frost, Ostmitteleuropa 1956–1970, Marburg/L. 1993

Kapitel V:
Hochgeschwender, M., Freiheit in der Offensive?, Der Kongreß für kulturelle Freiheit und die Deutschen, München 1998; Major, P., The Death of the KPD, Communism and Anti-Communism in West-Germany, 1945–1956, Oxford 1997; Neubert, E., Geschichte der Opposition in der DDR 1949–1989, Bonn 1997; Sagan, S. D., The Limits of Safety, Organizations, Accidents, and Nuclear Weapons, Princeton 1993; Stiftung Deutsche Kinemathek (Hrsg.), Kalter Krieg, 60 Filme aus Ost und West, Berlin 1991

Kapitel VI:
Courtois, St. u. a., Das Schwarzbuch des Kommunismus, Unterdrückung, Verbrechen, Terror, München 1998; Frey, M., Geschichte des Vietnamkriegs, Die Tragödie in Asien und das Ende des amerikanischen Traums, München [6]2002; Greiner, B., Kuba-Krise, 13 Tage im Oktober, Analysen, Dokumente, Zeitzeugen, Köln [2]1991; Greiner, B. u. a. (Hrsg.), Heiße Kriege im Kalten Krieg, Hamburg 2006; Leimgruber, W., Kalter Krieg um Afrika, Die amerikanische Außenpolitik unter Präsident Kennedy 1961–1963, Stuttgart 1990; Michler, W., Somalia – ein Volk stirbt, Der Bürgerkrieg und das Versagen des Auslands, Bonn 1993; Opitz, P., Frieden für Kambodscha?, Entwicklungen im Indochina-Konflikt seit 1975, Frankfurt a. M. 1991; Ptak, A., Angola, Vom Bürgerkrieg zur neuen Ordnung, Bammental 1991; Spanger, H.-J. u. a., Die beiden deutschen Staaten in der Dritten Welt,

Die Entwicklungspolitik der DDR – Eine Herausforderung für die Bundesrepublik?, Opladen 1987

Kapitel VII:
Bender, P., Die «Neue Ostpolitik» und ihre Folgen, Vom Mauerbau bis zur Vereinigung, München ³1995; Görtemaker, M., Die unheilige Allianz, Geschichte der Enspannungspolitik 1943–1979, München 1979; Kleßmann, Chr. u. a. (Hrsg.), 1953 – Krisenjahr des Kalten Krieges in Europa, Köln 1999; Scherstjanoi, E., Die sowjetische Deutschlandpolitik nach Stalins Tod 1953, Neue Dokumente aus dem Archiv des Moskauer Außenministeriums, in: VfZ 46 (1998), S. 497–549

Kapitel VIII:
Brisard, J.-Ch. u. a., Die verbotene Wahrheit, Die Verstrickungen der USA mit Osama bin Laden, Zürich ⁵2002; Hacke, Chr., Zur Weltmacht verdammt, Die amerikanische Außenpolitik von Kennedy bis Clinton, Berlin 1997; Hubel, H., Das Ende des Kalten Krieges im Orient, Die USA, die Sowjetunion und die Konflikte in Afghanistan, am Golf und im Nahen Osten, 1979–1991, München 1995; Krell, G. u. a. (Hrsg.), Krieg und Frieden am Golf, Ursachen und Perspektiven, Frankfurt a. M. 1991; Woodward, B., Geheimcode Veil, Reagan und die geheimen Kriege der CIA, München 1987

Kapitel IX:
Altmann, F.-L. u. a. (Hrsg.), Reformen und Reformer in Osteuropa, Regensburg 1994; Beschloss, M. R. u. a., Auf höchster Ebene, Das Ende des Kalten Krieges und die Geheimdiplomatie der Supermächte 1989–1991, Düsseldorf 1993; Hertle, H-H., Chronik des Mauerfalls, Die dramatischen Ereignisse um den 9. November 1989, Berlin ³1996; Meier, V., Wie Jugoslawien verspielt wurde, München ²1996; Meuschel, S., Legitimation und Parteiherrschaft in der DDR, Zum Paradox von Stabilität und Revolution in der DDR 1945–1989, Frankfurt a. M. 1992; Reichenbach, T., Die Demokratiebewegung in China 1989, Hamburg 1994; Simon, G. u. a., Verfall und Untergang des sowjetischen Imperiums, München 1993

Kapitel X:
Czempiel, E.-O., Weltpolitik im Umbruch, Die Pax Americana, der Terrorismus und die Zukunft der Internationalen Beziehungen, München ⁴2003; Höhmann, H.-H. u. a. (Hrsg.), Rußland unter neuer Führung, Politik, Wirtschaft und Gesellschaft am Beginn des 21. Jahrhunderts, Bonn 2001; Huntington, S. P., Kampf der Kulturen, The Clash of Civilizations, Die Neugestaltung der Weltpolitik im 21. Jahrhundert, München ⁵1997; Kaiser, K. u. a. (Hrsg.), Die neue Weltpolitik, Bonn 1995; Lebow, R. N. u. a., We All Lost the Cold War, Princeton 1994; Rush, M., Fortune and Fate, in: The National Interest 31 (1991), S. 19–25; Summy, R. u. a. (Hrsg.), Why the Cold War ended, A Range of Interpretations, Westport 1995

Personenregister